Udo Golfmann
Engel-Energie-Master-System
Das Praxisbuch zur Heilarbeit mit den 15 Erzengeln

Udo Golfmann
Engel-Energie-Master-System
Das Praxisbuch zur Heilarbeit mit den 15 Erzengeln

Besuchen Sie Udo Golfmann im Internet:

www.udo-golfmann.de

Der Autor

Udo Golfmann ist ein hellsichtig begabtes Engelmedium, Certified Angel Card Reader® und Angel Therapy Pracitioner®. Er arbeitet seit seiner frühen Kindheit mit der Ebene der Erzengel und Naturgeister und lehrt anderen Menschen mit ihren Engeln, Feen, Elfen und lieben Verstorbenen in Kontakt zu treten, diese also zu fühlen zu sehen und zu hören.
Seit über 20 Jahren berät er Menschen in schwierigen Lebenssituationen und hilft Ihnen neue Wege zu beschreiten und scheinbar ausweglose Situationen hinter sich zu lassen, um somit wieder positiv in die Zukunft schauen zu können und durch positiv geprägte Glauben- und Verhaltensmuster eine Realität des Glücks, der Liebe und des Wohlstands zu kreieren. Weitere Informationen über Seminare, Bücher und Einzelsitzungen erhalten Sie auf www.udo-golfmann.de.

Udo Golfmann

Engel-Energie-Master-System

Praxisbuch zur Heilarbeit mit den 15 Erzengeln

Deutsche Erstausgabe 2015
© Udo Golfmann
Alle Rechte der Verbreitung auch durch Funk, Fernsehen und Internet, Tonträger jeder Art und auszugweisen Nachdruck vorbehaltlich der schriftlichen Genehmigung des Autors
Herstellung und Verlag: BoD – Books on Demand, Norderstedt.

ISBN-13: 9783738658798

Inhalt:

Einführung..12

Wie Sie mit Ihren Engeln
in Kontakt treten..18

Hilfe von den Engeln..24

Welche Engel kann ich anrufen?.................................26

Engel für verschiedene Lebensbereiche.......................29

Sternzeichenengel..33

Mit den Engeln arbeiten...35

Die Engelhierarchie..38

Die Schutzengel...41

Die göttliche Ordnung..47

Die Engel der ersten Sphäre.......................................49

Die Engel der zweiten Sphäre.....................................54

Die Erzengel..61

Die vier hellen Talente..187

Engel-Energie-Master-Methoden................................196

Erzengel Michaels Methode zur Blockadenlösung........196

Trennung ätherischer Schnüre..198

Aurareinigung...200

Auflösung von Sucht und Abhängigkeit..............................203

Karmaauflösung...205

Gelübde lösen..214

Affirmationen..218

Engelenergieübertragung..222

Einführung

Bereits in meiner frühen Kindheit habe ich den Kontakt zu Gott, Jesus Christus, Mutter Maria und den Engeln gesucht, wenn ich mich allein, verängstigt oder traurig fühlte. Als ich zwölf Jahre alt war entdeckte ich meine hellsichtige Begabung. Die Engel erschienen mir in Form von sehr schönen, bunten, Lichtern, die mich als Lichtkugeln umschwebten und liebe Verstorbene zeigten sich mir, in sehr liebvoller Art und Weise, des Weiteren sah ich immer wieder Bilder, die die Zukunft betrafen und die sich später bewahrheiteten.
Ich selbst bin streng katholisch aufgewachsen und habe leider gelernt, dass Hellsehen etwas Negatives wäre, für das man von Gott bestraft wird, von daher wirkte meine Gabe, die, wie ich heute weiß, ein absolutes Geschenk Gottes ist, zunächst erst einmal beängstigend auf mich, denn auf einmal nahm ich liebe verstorbene Menschen wahr, konnte Elfen und Feenwesen in der Nähe von Blumen sehen und natürlich die Engel und die Erzengel.
Der Schleier zwischen der menschlichen Welt und der "anderen Seite" lichtete sich direkt vor meinen Augen.
Anfangs wirkte dieses wundervolle Geschenk erst einmal, wie gesagt, befremdlich auf mich.
Mit der Zeit jedoch wurde die Liebe Gottes und der Engel glücklicherweise in meinem Leben immer gegenwärtiger und realer, so dass ich heute sage: "Ich glaube nicht an die Existenz

Gottes, der Engel und der geistigen Welt, nein, vielmehr weiß ich, dass das alles vollkommen real und für alle Menschen vorhanden ist".

Als ich vierzehn Jahre alt war erschien mir der wundervolle und großartige Erzengel Metatron, der mir sagte, dass er mich gerne führen und begleiten möchte auf meinem Lebensweg, dass er mich hin zu meiner göttlichen Lebensaufgabe führen möchte. Mein Lebensweg ist übrigens das göttliche Licht zu den Menschen zu tragen. Erzengel Metatron sagte mir außerdem dass ich eine sehr alte und weise Seele sei und ich diese wundervolle Weisheit in die Herzen der Menschen tragen soll, natürlich konnte er mir seine Begleitung und liebevolle Führung nur zur Seite stellen, wenn ich ihm meine Erlaubnis dazu gab, denn wie ich an späterer Stelle noch tiefer erläutern werde, gibt es ja das Gesetz des freien menschlichen Willens. Selbstverständlich nahm ich dieses wundervolle Angebot Erzengel Metatrons sehr gerne an und er ist mir bis zum heutigen Tage ein unendlich wertvoller Begleiter an jedem Tag meines Lebens.

Natürlich ist es so, dass auch wenn einem Menschen eine Gabe in die Wiege gelegt wurde, es dennoch einen Ausbildungsweg bedarf, daher begann ich mich von da an intensiv mit spirituellen Themen zu beschäftigen.

Ich erlernte beispielsweise von meiner Tante das Legen und Deuten der Skatkarten, brachte mir selbst die Lenormandkarten, den Rider Waite Tarot, sowie das Deuten weiterer Kartendecks bei und besuchte verschiedene spirituelle Kurse und

Ausbildungen, unter anderem bei Bärbel Mohr und Doreen Virtue, so dass ich letztlich genau da landete, wo ich hin gehörte, in einer spirituell orientierten Arbeit, in der die Engel und Erzengel immer und absolut im Vordergrund stehen, um Menschen mit Hilfe der himmlischen Wesen zu zeigen, wie wundervoll das Leben in Wahrheit ist.

Doreen Virtue bestätigte mir, während meiner Ausbildung zum Engeltherpeuten, was ich schon lange wusste, nämlich, dass meine göttliche Lebensaufgabe darin besteht, den Menschen Readings zu geben und in spirituellen Seminaren und Workshops, jeden Menschen, der es möchte dazu zu befähigen, selbst mit seinen Engeln, lieben verstorbenen, den Engeln anderer Menschen und natürlich den Erzengeln zu kommunizieren und ich sollte dafür ein eigenes Ausbildungssysthem ins Leben rufen, was ich auch tat.

Darauf hin beriet ich mich mit meinen Engeln und geistigen Führern, die mich anleiteten das Engel-Energie-Master-System zu entwickeln und möglichst viele Menschen darin auszubilden, womit ich auch sofort begann.

Seit einigen Jahren biete ich nun diese wundervolle Ausbildung in verschiedenen Städten in ganz Deutschland an und freue mich über jeden einzelnen Menschen, der den Weg in meine Seminare und somit zu den Engeln findet.

Nun leiteten die Engel mich dazu an, ein neues Buch zu schreiben, damit das Engel-Energie-Master-System noch mehr Menschen erreichen kann. Denn die Engel wollen in die Welt, sie wollen zu allen Menschen und ihnen helfen, in allen

Bereichen ihres Lebens.

Ich freue mich sehr, dass Ihnen dieses Buch nun in die Hände gefallen ist, dass die Engel durch dieses Buch, den Weg in Ihr Leben und hoffentlich auch in Ihr Herz gefunden haben und Sie auf Ihre Intuition gehört haben sich dieses Buch zu kaufen, so dass ab heute die Engel ein ganz wichtiger Teil Ihres Lebens sein werden und eines verspreche ich Ihnen: *"Jeder Mensch kann mit den Engeln kommunizieren"*. Die Engel wollen mit Ihnen sprechen und Ihnen helfen. Sie wollen Heilung in alle Bereiche Ihres Lebens bringen.

Sie haben die Engel um Hilfe gebeten? Hier ist die Antwort Ihrer Engel, dieses Buch zeigt Ihnen die wundervolle Welt der Engel und Erzengel und führt Sie ein in mein Engel-Energie-Master-System.

Dieses Buch ist in zwei Teile gegliedert im ersten Teil erfahren Sie alles, was Sie wissen sollten über die Engel für verschiedene Lebensbereiche, über die gesamte Engelhierarchie, Ihre lieben Schutzengel und natürlich über die fünfzehn Erzengel, zu denen ich Kontakt habe. Sie erlernen außerdem, wie Sie mit den Engeln in Kontakt treten können und werden entdecken, welches helle Talent bei Ihnen besonders ausgeprägt ist.

Im zweiten Teil zeige ich Ihnen die verschiedenen Methoden des Engel-Energie-Master-Systems, die Ihnen helfen sollen Heilung in alle Bereiche Ihres Lebens zu bringen.

Dieses Buch gibt Ihnen dadurch alles an die Hand, was Sie brauchen, um mit den Engeln zu arbeiten. Ihr Leben wird sich

verändern, wenn Sie mit diesem Buch arbeiten
An dieser Stelle ein kleiner, liebevoller Tipp lesen Sie dieses Buch erst einmal vollständig durch und beginnen Sie erst beim zweiten lesen mit den Übungen, die ich für Sie zusammengestellt habe, bereits beim ersten Lesen werden Sie ganz sicher eine transformierende Erfahrung machen, die Sie dann beim zweiten lesen und durch die Übungen zu einer runden Sache machen werden, Sie werden die Engel spüren, hören, sehen und fühlen.

Von ganzem Herzen wünsche ich Ihnen, dass dieses Buch Ihnen hilft den vollkommenen Zugang zu ihrer Seele zu Ihrem höheren Selbst und zu Gott in Ihnen zu finden.
Sein Sie versichert Sie sind wundervoll und stehen Gott und den Engeln sehr nah waren in Wahrheit immer mit dem Himmel verbunden, nur haben Sie es aber vielleicht vergessen, dieses Buch wird Ihnen helfen diese Verbindung wieder zu spüren und zu erkennen, dass Gott immer schon da war und Ihre Engel immer an Ihrer Seite waren und sein werden und Sie an jedem Tag des Lebens himmlische Botschaften empfangen.

Ich danke Ihnen von Herzen und es ist mir eine unendlich große Ehre, dass ich Sie durch mein neuestes Buch, zum Engel-Energie-Master-System ein Stück Ihres Weges begleiten darf und die wunderbaren Energien der Engel und Erzengel in Ihr leben bringen darf ich hoffe sehr, dass meine Worte Sie inspirieren. Eines möchte ich betonen alles was ich schreibe ist meine Wahrheit und kommt von Herzen zu Ihnen. Ich schreibe

aus Liebe zu Gott, zu den Engeln und natürlich zu den Menschen.
Ich wünsche Ihnen viel Spaß und Freude beim lesen und Entdecken der göttlichen Liebe.

Licht und Liebe

Ihr Udo Golfmann

Wie Sie mit Ihren Engeln in Kontakt treten

Die Engel

Bevor Sie damit beginnen, sich dem Studium des Engel-Energie-Master-Systems zu widmen, möchte ich Ihnen ein paar Begriffe erklären, denn ein Grundwissen, als Fundament über die Engel finde ich sehr wichtig.
Engel sind himmlische Wesen, sie sind die Boten Gottes, sie tragen die unendliche und bedingungslose Liebe unseres Schöpfers in sich und die Führung der göttlichen Quelle zu uns Menschen. Die Engel stellen das Bindeglied zwischen Gott und uns Menschen hier auf der Erde dar.
Meine Hellsicht, die mich bereits so lange ich denken kann begleitet, hat mir gezeigt, dass jeder Mensch mit mindestens zwei Schutzengeln in dieses Leben hinein geboren wird. Es gibt auch viele Menschen die wesentlich mehr Schutzengel haben, weil sie darum gebetet haben oder weil andere Menschen für sie darum gebetet haben.
Wir haben unendlich viele Schutzengel auf unserem Planeten, denn jedes mal, wenn ein Mensch das Wort "Liebe" denkt, wird ein neuer Schutzengel geboren.
Sie müssen einfach nur darum bitten und Sie bekommen so viele Schutzengel, wie Sie haben möchten, von der göttlichen Quelle an die Seite gestellt. Dies können Sie natürlich auch sehr gerne und zu jeder Zeit für andere Menschen, die Ihnen am Herzen liegen tun.
Engel sind ebenso, wie Gott reine, bedingungslose Liebe. Sie bewerten uns niemals, sondern Lieben uns einfach und

wahrhaft um unserer Selbst willen, denn die Liebe Gottes und der Engel ist bedingungslos. Sie bestrafen oder verurteilen uns zu keiner Zeit, sondern versuchen uns stets auf den Weg zur göttlichen Liebe zurück zu holen, wenn wir mal von dem Pfad abgekommen sein sollten, so freuen sie sich wahnsinnig, wenn wir Menschen den Weg zu Ihnen und zum göttlichen Licht zurück finden und nehmen jeden Menschen immer mit all ihrer Liebe an, genauso wie er ist.

Engel sind grenzenlose Wesen, das heißt, sie sind in der Lage bei jedem von uns gleichzeitig zu sein, das darf man sich, wie unendlich viele holographische Spiegelungen vorstellen, als eine immer wieder einzigartige Erfahrung.

Sie müssen also niemals Angst davor haben, dass Ihre Bitte zu klein oder zu belanglos für Gott und die Engel sein könnte oder Sie die himmlischen Wesen von etwas wichtigerem abhalten könnten. Nein, ganz im Gegenteil, jede Bitte, jedes einzelne Anliegen und jedes Hilfegesuch wird von den Engeln ernst genommen, also lassen Sie sich von den Engeln bitte einfach bei allem helfen, was Ihnen persönlich wichtig ist und sein Sie sich sicher, was immer Ihnen persönlich auch auf der Seele liegt, ist Ihren Engeln unendlich Wichtig, denn Sie haben die Hilfe des Himmels verdient.

Engel werten und urteilen niemals und zu keiner Zeit, sie lieben uns, wie bereits erwähnt, absolut bedingungslos, ebenso wie unser Schöpfer selbst, also egal worum wir die himmlischen Wesen auch immer bitten, solange dies tatsächlich unserem höchsten Wohl entspricht, zu innerem Frieden in uns beiträgt und natürlich niemand anderen schaden zufügt oder manipulativ ist, werden die Engel alles erdenkliche hinter den Kulissen tun, um alle unsere Herzenswünsche zu erfüllen, damit jeder Mensch im Frieden ist, denn wenn jeder Mensch mit sich im Frieden ist, dann ist der Weltfrieden da.

Ein Irrtum dem viele Menschen unterliegen ist, dass verstorbene Angehörige als Engel an ihrer Seite fungieren. Ich möchte an dieser Stelle, mit dieser falschen Annahme aufräumen, da dies tatsächlich ein überaus wichtiger Punkt ist. Natürlich ist es so, dass Menschen, die Ihnen am Herzen liegen und die Erde bereits verlassen haben, Ihnen mit Rat und Hilfestellungen zur Seite stehen können und Sie auch ein Stück weit behüten und beschützen, aber es handelt sich bei Ihnen nicht um Engel oder Schutzengel, sondern eben um menschliche Seelen, welche eventuell als sogenannte Schutzgeister oder Seelenbegleiter an Ihrer Seite fungieren können.
Der Unterschied ist sehr schnell und einfach erklärt, ein Engel ist dem göttlichen Willen vollkommen unterworfen und dadurch, dass Gott den Menschen, als einziges Wesen im ganzen Universum einen freien Willen geschenkt hat und ihn nach seinem Ebenbild erschaffen hat, auch dem menschlichen Willen.
Das Ziel der Engel ist immer und zu jeder Zeit Ihnen zu helfen und alles dafür zu tun, dass Sie vollkommen im inneren Frieden sein können, denn nach dem Gesetz der Resonanz, führt innerer Frieden, zu äußerem Frieden, also es ist ganz simpel, wenn wir

alle gemeinsam mit Gott und den Engeln alles daran setzen dass es uns gut geht und erkennen wie wichtig wir sind und uns selbst wahrhaftig lieben, dann gibt es auch nur noch Frieden auf der Welt, weil es dann logischerweise nur noch liebevolle und frievolle Menschen gibt.

Engel haben keinerlei Ego, also egal um was oder wie oft Sie Ihre Engel auch bitten, sie werden ihnen niemals auf die Nerven gehen, also Ihre Engel werden sicherlich niemals denken: "ach der oder die schon wieder" oder so ähnlich. Ganz im Gegenteil, Ihre Engel freuen sich von Herzen, über jedes Wort, dass Sie mit ihnen sprechen und handeln immer entsprechend Ihres höchsten Wohls.

Unsere lieben Verstorbenen hingegen sind, wie bereits erwähnt, menschliche Seelen, Mensch bleibt immer Mensch und haben natürlich auch auf der anderen Seite nachwievor ein menschliches Ego, auch wenn sie nun viele Dinge aus höherer Perspektive sehen, und sie haben selbstverständlich ihren freien Willen auch über den Tod hinaus. Ihre lieben Verstorbenen handeln nach ihrer Meinung und geben Ihnen den Rat den sie selbst für am besten halten, gemäß dem Gesetz des freien Willens. Dementsprechend helfen die "Geister" Ihnen im Gegensatz zu den Engeln auch nur dann, wenn sie es selber wollen, denn wie gesagt die Engel haben keinen eigenen Willen, die Verstorbenen schon, des weiteren können Ihre lieben Verstorbenen nicht für Sie in die Zukunft schauen, es sei denn sie wahren auch in Ihrem irdischen Leben Hellseher. Sehen Sie, wenn Sie mit lieben verstorbenen in Kontakt sind, ihren Rat bitte immer ganz genau so skeptisch, wie den Rat einer lebenden Person au der Erde, den Engeln allerdings, können Sie immer absolutes und blindes Vertrauen schenken, denn sie haben nur Ihr höchstes Wohl im Sinne.

Hilfe von den Engeln

Wir beten die Engel niemals an. Unsere Ehre und Lobpreisung gehört immer Gott allein. Die Engel sind überkonfessionelle Wesen, sie gehören weder irgendeiner Religion, noch irgendeiner Glaubenrichtung an, wenn die Engel darum gebeten werden, helfen sie jedem Menschen sofort und liebend gerne. Die Engel und Erzengel arbeiten mit Jesus Christus und den aufgestiegenen Meistern aller Religionen zusammen, dementsprechend ist es den Engeln auch vollkommen egal, welcher oder ob Sie einer Religion angehören oder eben nicht, sie lieben Sie ganz genau so, wie Sie sind ohne Sie zu bewerten oder zu verurteilen.

Die Aufgabe aller Engel ist es den Willen der göttlichen Quelle auszuführen, damit unsere wundervolle Mutter Erde ein Ort der Liebe und des Friedens ist und dauerhaft bleibt. Daher wollen die Engel jedem Menschen dabei helfen inneren Frieden zu erlangen, denn Frieden in der Welt entsteht dann, wenn jeder Mensch auch mit sich selbst vollkommen im Frieden ist.

Die Engel wollen dass unser Leben erfüllt ist von Lachen, Heiterkeit und Spaß, damit wir die göttliche Magie in jeder Facette unseres Seins erleben können, Erzengel Michael sagte mir schon sehr oft, dass die Menschen auf der Erde sind, um Spaß zu haben, um zu spielen und eben nicht dafür, ihr leben unnötig zu erschweren.

Ich höre Menschen in meiner Beratung immer wieder sagen, "Gott und die Engel wissen doch, was ich brauche, daher muss ich sie doch nicht extra darum bitten mir zu helfen".
Vollkommen richtig ist, dass die Engel und Gott immer genau wissen, was wir Menschen brauchen, um glücklich und im perfekten Zustand des inneren Friedens zu sein, aber Gott hat uns Menschen einen freien Willen geschenkt und dieser ist heilig, dies bedeutet, dass die Engel ohne unsere Erlaubnis nicht in unser Leben eingreifen dürfen, also müssen wir um ihre Hilfe bitten, bevor die Engel uns helfen können. Es spielt dabei keine Rolle, wie Sie Ihre Engel um Hilfe bitten, ob Sie dies in Gedanken tun, Ihre Bitte laut aussprechen, diese singen, aufschreiben oder wie auch immer Sie Ihre Bitte an die Engel wenden möchten, ist wirklich vollkommen egal, es ist einfach nur wichtig, dass sie es tun, denn wie gesagt ohne, dass Sie den Engeln Ihren Willen erklären und ihnen dadurch erlauben Ihnen zu helfen, dürfen sie nicht in Ihr Leben eingreifen.

Welche Engel kann ich Anrufen?

Die Antwort auf die Frage: "Welche Engel kann ich Anrufen?" ist glücklicherweise sehr einfach. Natürlich können Sie alle Engel anrufen und sie werden unendlich gerne, sofort für Sie da sein.

Es gibt in unserem wundervollen Universum zahllose Engel und Sie können dementsprechend zu jeder Zeit, so viele Engel, wie auch immer Sie möchten an die Seite gestellt bekommen, dafür müssen Sie nur eines tun und zwar einfach um ihre Hilfe bitten.

Jeder Mensch ist in der Lage mit Gott und den Engeln zu kommunizieren. Sie müssen dafür nicht besonders qualifiziert sein oder sich dies auf besondere Art und Weise verdient haben. Alle Menschen sind gleichermahßen wertvoll für Gott und die Engel, wir alle wurden als perfektes Ebenbild unseres wundervollen Schöpfers kreiert, daher wurden wir alle mit den göttlichen Eigenschaften und Potenzialen ausgestattet und verdienen die Hilfe des Himmels.

In meinen Beratungen werde ich immer wieder gefragt, wenn doch jeder Mensch Schutzengel hat und es doch so viele Engel auf der Erde gibt, warum es dann Leiden und Böses auf der Welt gibt. Ich empfinde dies als eine wirklich fantastische Frage, die ich Ihnen auch sehr gerne beantworten möchte. Wenn jeder einzelne Mensch auf seine Engel hören würde, dann wäre die Welt ein vollkommener Ort des Friedens und der Liebe, denn dann hätten wir nur liebevolle und friedliche Menschen.

Menschen haben, wie bereits an anderer Stelle erwähnt, aber einen freien Willen, und entscheiden somit selbst, ob sie auf ihre Engel hören möchten oder auf das "Böse", dass auf Ängsten basiert, Ängste vor einem Mangel, also davor, dass es nicht für jeden Menschen genug geben könnte und man selbst vielleicht zu kurz kommen könnte, die aus verschiedenen Gründen in den Menschen vorhanden sein können. Diese egobasierten Ängste verleiten Menschen dazu egoistisch und selbstsüchtig zu handeln, dies würde es aber wie bereits erwähnt nicht geben, wenn jeder Mensch ganz einfach auf Gott und seine Engel hören würde.

Die Engel und aufgestiegenen Meister sind nicht weit entfernt, denn die wunderschöne geistige Welt ist direkt um uns herum und somit für uns alle greifbar. Der Himmel ist nicht über den Wolken, sondern in einer Art anderer Dimension direkt um uns alle herum, also für jeden von uns und zu jeder Zeit greifbar, dass einzige, was es dafür zu tun gibt, ist dass jeder Mensch den wundervollen Lichtwesen, sein Herz öffnet.

Die Engel sind wundervolle himmlische Wesen, sie haben nie als Menschen in unserer Welt gelebt, außer sie sind inkarnierte Engel, die sich vorübergehend in Menschengestalt manifestieren, um kurzfristig in akuten Lebenssituationen zu helfen.

Es gibt zwei Ausnahmen unter den Engeln:
Erzengel Metatron und Erzengel Sandalphon stellen die größte Ausnahme unter den Erzengeln dar. Sie sind die einzigen Engel, die vor Ihrer Existenz als Erzengel, als Menschen auf der Erde

lebten, was ich Ihnen an späterer Stelle noch genauer erläutern werde.

Engel für verschiedene Lebensbereiche

Wie schon an anderer Stelle erwähnt, gibt es zahllose Engel, die alle für uns Menschen, zu jeder Zeit verfügbar sind, hier möchte ich Ihnen eine kleine Übersicht, über die Engel für die verschiedenen Lebensbereiche geben, um zu veranschaulichen, wie diese wundervollen Geschöpfe Ihr Leben bereichern, segnen und heilen können:

Die Engel der Liebe:

Engel der Liebe sind cherubische Engel, sie sind alle von einer rosa farbenden Aura umgeben.
Die Engel der Liebe führen zusammgehörige Menschen zusammen, sie können defekte Beziehungen heilen und bereiten jeden Menschen sehr gerne optimal auf die Begegnung mit seinen Seelengefährten vor. Erzengel Chamuel führt die Liebesengel an.

Die Engel der Finanzen:

Auch der finanzielle Bereich ist den Engeln nicht fremd. Die Engel der Finanzen können Ihnen helfen, kluge Entscheidungen zu treffen bzüglich Ihrer Finanzen, sie können Ihrer beruflichen Karriere einen Aufschwung geben oder auch mal einen plötzlichen und unerwarteten Geldsegen in Ihr Leben bringen.

Als zeichen für ihre Anwesenheit lassen sie gerne mal ein paar Münzen für Sie rumliegen, um Ihnen zu zeigen, dass Ihre berufliche Karriere oder Ihre Finanzen einen Aufschwung haben werden. Erzengel Raphael führt die Engel der Finanzen an.

Die Engel der Heilung:

An der Spitze der Engel der Heilung, steht der wundervolle Erzengel Raphael, der große Heiler unter den Engeln diese wundervollen Wesen, erfüllen Sie mit heilender Energie, wann immer sie diese brauchen, besänftigen Ihre Ängste, in Bezug auf Ihre Gesundheit und helfen Ihnen bei der Entscheidung für den passenden Arzt, die passende Klinik, den passenden Heilpraktiker usw.

Die Engel der Fitness:

Sollten Sie sich ausgepowert und kraftlos fühlen, können die Fitnessengel Ihre Lebensenergie wieder auffüllen und Sie können Ihnen helfen, den für passenden Sport, die richtige Ernährungsweise etc. zu finden und Ihre Motivation steigern. Erzengel Raphael führt die Fitnessengel an.

Die Engel der Familie:

Erzengel Gabriel und Erzengel Metatron stehen an der Spitze der Familienengel, diese wundervollen Geschöpfe, können uns bei der Kindererziehung helfen und unterstützen. Die Engel der Familie helfen außerdem bei allen Aspekten die mit Empfängnis oder Adoption zu tun haben, desweiteren helfen Sie die Harmonie in der Familie wieder herzustellen oder diese zu erhalten.

Die Engel der Schönheit:

Angeführt werden die Engel der Schönheit durch Erzengel Jophiel, der auch als der "Feng-Shui-Engel" bezeichnet werden kann und sie helfen Ihnen gerne dabei Ihre innere Schönheit nach aussen zu transportieren.
Sie helfen Ihnen im Alltag das beste Outfit oder das passende Make-Up zu finden, welches Ihre Schönheit unterstreicht und wenn Sie es wünschen, kann sich die Energie der Engel der Schönheit verjüngend auf Ihr Äusseres auswirken.

Die Krieger Engel:

Die Kriegerengel werden angeführt von dem mächtigen und wundervollen Erzengel Michael, den Sie sicherlich alle kennen werden.

Sie kämpfen auf liebevolle Art und Weise und vollkommen friedlich für all jene Menchen, die beanchteiligt sind. Sie unterstützen Friedensdemos, gemeinützige Organisationen, Wohtätigkeitsorganisationen usw. Sie beschützen Kinder vor Gewalt und alle Menschen vor Ungerechtigkeit.

Ihr Hauptziel ist es den Frieden in der Welt vollkommen herzustellen.

Sternzeichenengel

An dieser Stelle möchte ich nochmals erwähnen, dass Sie natürlich grundsätzlich mit jedem Engel in Kontakt treten können und Ihnen alle Erzengel unendlich gerne hilfreich zur Seite stehen, allerdings ist es natürlich schon so, dass je nachdem unter welchem Sonnenzeichen Sie geboren sind, Sie auch einen besonderen Bezug zu einem bestimmten Erzengel haben, ganz einfach wegen Ihrer besonderen Eigenschaften, die Sie mit in dieses Lebens gebracht haben und diese Eigenschaften verbinden Sie mit jeweils einem bestimmten Erzengel und dazu möchte ich Ihnen gerne an dieser Stelle einen Überblick geben. Es wird für Sie unendlich bereichernd sein, wenn Sie mit dem Erzengel Ihres Sternzeichens in Verbindung treten und ihn somit in Ihr Leben integrieren, dies wird eine äußerst heilsame Erfahrung für Ihr Leben sein.

* Erzengel Ariel und die Widdergeborenen
* Erzengel Chamuel und die Stiergeborenen
* Erzengel Zadkiel und die Zwillinggeborenen
* Erzengel Gabriel und die Krebsgeborenen
* Erzengel Raziel und die Löwegeborenen
* Erzengel Metatron und die Jungfraugeborenen

- Erzengel Jophiel und die Waagegeborenen
- Erzengel Jeremiel und die Skorpiongeborenen
- Erzengel Raguel und die Schützegeborenen
- Erzengel Azrael und die Steinbockgeborenen
- Erzengel Uriel und die Wassermanngeborenen
- Erzengel Sandalphon und die Fischegeborenen

Mit den Engeln arbeiten

Die wundervollen Erzengel stehen uns Menschen und Mutter Erde unglaublich nah, daher ist es nur normal, wenn Sie mit ihnen in Kontakt treten und sich mit ihnen verbinden.
Die Bibel ist überfüllt mit berichten von Menschen, die Kontakt zu den Engeln hatten, insbesondere zu Erzengel Michael und Erzengel Gabriel. Sie haben ja bereits erfahren, dass von Gott und den Engeln jeder Mensch als gleichwertig angesehen wird, daher können Sie natürlich ebenso, wie einst die Propheten, der biblischen Überlieferung, den Kontakt zu den Engeln aufnehmen.
Wie ich schon an anderer Stelle erwähnt habe, beten wir die Engel niemals an, sondern alle Ehre gehört der göttlichen Quelle allein.
Die Engel sind Gottes Geschenke für uns Menschen und gehören zu Gottes Plan, daher arbeiten wir mit ihren wundervollen Energien auch an dieser Stelle möchte ich noch einmal erwähnen, dass die Engel konfessionslos sind, sie gehören keiner Religion an, daher ist es vollkommen egal, welcher Glaubensrichtung Sie angehören und ob Sie überhaupt einer Glaubenrichtung angehören, die Engel werden immer und zu jeder Zeit sehr gerne für Sie da sein.
Viele Menschen fragen mich, warum mit den Engeln kommunizieren, warum richten wir nicht einfach alle Anliegen und Fragen die wir haben direkt an Gott? Die Antwort ist ganz einfach, die Engel sind, wenn Sie so wollen Energieausläufer,

also die längeren Arme unseres wundervollen Schöpfers. Gottes Vibrationen sind wahnsinnig hochschwingend und für uns Menschen aus genau diesem Grunde nur sehr schwer wahrzunehmen.

Auch die Engel haben natürllich sehr hohe Vibrationen, allerdings sind diese bei den Engeln um einiges dichter, wodurch sie für uns Menschen wesentlich leichter wahrzunehmen sind, wir können die Engel leichter hören, fühlen und sehen, ihre Botschaften leichter empfangen, genau aus diese Grund sind Sie für uns da und wir können uns sicher sein, dass die Engel immer nach Gottes Willen arbeiten und dementsprechend alle Botschaften, die sie zu uns Menschen bringen immer direkt und vollkommen unverfälscht von Gott kommen.

Die Engel schauen niemals auf unsere Fehler und Schwächen, denn wie schon erwähnt, ist ihre Liebe zu uns Menschen bedingungslos, sie schauen auf das Gute in jedem von uns und stärken das positive genau durch diese Tatsache.

Engel sind, wie gesagt, grenzenlose Wesen, dadurch sind sie in der Lage bei jedem von uns gleichzeitig zu sein, durch diese Eigenschaft können sie allen Menschen gleichzeitig helfen und zur gleichen Zeit für jeden einzelnen da sein.

Sein Sie versichert, Ihre Engel wissen immer und zu jeder Zeit ganz genau, was Sie brauchen. An dieser Stelle möchte ich Ihnen ein Versprechen in Erinnerung rufen, welches Jesus Christus uns Menschen einst gab. Er sagte: "ich bin immer bei euch..." Wie gesagt ebenso wie Jesus, der zu den aufgestiegenen Meistern gehört, sind auch die Engel in der Lage gleichzeitig bei jedem Menschen zu sein, der sie darum bittet. Wichtig ist nur, dass sie die Engel und Erzengel bitten, denn sie werden niemals gegen Ihren freien Willen in Ihr leben eingreifen.

Die Engelhierarchie

Der Teil der Engelhierarchie ist Teil all meiner Bücher und darf natürlich auch in diesem Buch zu meinem Engel-Energie-Master-System nicht fehlen, denn wie bereits erwähnt, ist es wichtig, ein gewisses Grundwissen über die Engel zu haben, damit Sie wissen in welchem Bereich Ihres Lebens welcher Engel Ihr richtiger Ansprechpartner ist. Bei meinem Sytem arbeiten wir hauptsächlich mit Erzengel Raphael, der für alles, was mit physischer Heilung zu tun hat zuständig ist und mit Erzengel Michael, der alle Auswirkungen von Angst und negativer Energie beseitigt, aber auch mit allen anderen Erzengeln, wenn es für den jeweiligen Lebensbereich des Menschen, mit dem wir arbeiten notwendig ist, daher ist es überaus wichtig, dieses Grundwissen zu haben.

Im Himmel existiert eine ganz klar geregelte Hierarchie. Jeder Engel hat seinen ganz speziellen Zuständigkeitsbereich und die Oberen regeln die unteren Hierarchien, beginnend bei der Quelle, also Gott an der Spitze, über die Seraphim, die Cherubim, die Erzengel, bis hin zu unseren wundervollen Schutzengeln. Es ist alles ganz klar strukturiert und geregelt, aber glücklicherweise können wir uns niemals an den falschen Engel richten, denn wenn der Engel an den wir uns mit underer bitte wenden, nicht zuständig ist gibt er die Bitte ganz einfach weiter und der zuständige Engel wird dann übernehmen und sich mit seiner ganzen Liebe und Hingabe um unser Anliegen kümmern.

Viele Menschen fragen mich in meiner Beratung, warum nicht direkt die Quelle, also Gott um etwas bitten? Die Antwort ist einfach, es ist vollkommen egal, ebenso, wie Sie sich an die Engel wenden können, können Sie sich selbstverständlich auch gleich an Gott wenden, machen Sie es einfach so, wie Ihr Herz es Ihnen sagt, es ist grundsätzlich nicht wichtig zu wem, oder wie wir Bitten oder welchen Namen Sie verwenden, ob Sie die Quelle Gott, Universum, göttliche Quelle oder wie auch immer nennen möchten, ist alleine Ihnen überlassen, es ist nur wichtig, dass wir es tun.

Überaus wichtig zu erwähnen ist, dass die Engel immer wieder zu mir sagen, dass Sie kein Lob und keinerlei Anbetung wünschen, sondern das Anbeten und die Lobpreisung, gebührt Gott allein, weder die Engel, noch die aufgestiegenen Meister werden also angebetet.

Wenn Sie schon mal gehört haben, dass gewisse Formulierungen in Gebeten nicht sein dürfen oder bestimmte Worte unbedingt genannt müssen, werfen Sie diese Idee bitte jetzt über Board, sie machen Angst und führen dazu, dass wir in Anspannung beten und dies sollten wir natürlich zu keiner Zeit, sondern, wir sollten bei unseren Gebeten immer gnz bei uns selber sein.

Die Engel wissen genau, was wir brauchen und was unserem höchsten Wohl entspricht, aber Sie dürfen aufgrund unseres freien Willens nicht ungefragt eingreifen, allerdings ist es vollkommen unwichtig und belanglos, wie Sie dies tun, es ist nur wichtig, dass Sie es tun. Wenn Sie zum Beispiel nicht genau wissen, wie Sie Ihre Bitte formulieren sollen, aber wissen dass Sie Hilfe brauchen, dann reicht ein einfaches "bitte lieber Engel…hilf mir" vollkommen aus. Denn wie gesagt, die himmlischen Helfer wissen immer ganz genau, was Sie jetzt gerade in diesem Augenblick brauchen und was Ihrem höchsten Wohl entspricht.

Die Schutzengel

Jeder von uns hat mindestens zwei Schutzengel an seiner Seite, diese werden uns bei der Geburt an die Seite gestellt und Sie haben nur eine Aufgabe, uns unser ganzes Leben hindurch zu begleiten, uns vor allen Gefahren zu beschützen und uns zu unserer göttlichen Lebensaufgabe zu führen.
Wie alle Engel dürfen natürlich auch Ihre persönlichen Schutzengel nicht ungefragt in Ihr Leben eingreifen, denn schließlich sind sie ebenso, wie alle anderen Engel dazu verpflichtet unseren freien Willen zu beachten und absolut zu reapektieren, denn dieser ist Heilig.
Aber auch Ihre Schutzengel möchten nichts anderes tun, als Ihnen zu helfen!
Bei vielen Menschen sehe ich sehr verzweifelte Schutzengel, die händeringend um Hilfe gebeten werden wollen, sie möchten Ihnen zu jeder Zeit ihren Beistand, Ihre Hilfe und ihre unendliche Liebe geben. Also bitten Sie Ihre Schutzengel einfach darum und erteilen Sie ihnen somit die Erlaubnis.
Eine Sonderregelung gibt es allerdings, in der Ihre Schutzengel ungefragt in Ihr Leben eingreifen dürfen und zwar immer dann, wenn Gefahr für Ihr Leben besteht, aber Ihre Zeit auf dieser Erde noch nicht beendet ist, dann dürfen Ihre Schutzengel eingreifen, um Ihr Leben zu retten. In allen anderen Fällen, in denen Sie allerdings der Hilfe Ihrer Schutzengel bedürfen, müssen die Schutzengel gebeten werden.
Wenn Sie Ihre Schutzengel um Hilfe gebeten haben werden sie

einen wahren Freudentanz aufführen, denn es ist für Ihre Schutzengel das größte Vergnügen Ihnen helfen zu dürfen.
Das einzige, was Sie jetzt tun müssen, ist auf Ihre Intuition, auf Ihre innere Stimme zu hören, denn über diese werden Ihre Schutzengel mit Ihnen kommunizieren und Ihnen antworten. Sie werden Ihnen genau mitteilen, welchen Schritte notwendig sind und wie Sie zu Ihrem Ziel gelangen.
Denn den Weg gehen, der zu Ihrem Ziel führt müssen Sie natürlich selber, aber wenn Sie die Wege mit Hilfe Ihres Schutzengels gehen, wird Ihnen alles in Ihrem Leben, egal in welchem Lebensbereich ganz sicher um ein vielfaches leichter fallen.
Wie alle Engel, lieben auch Ihre Schutzengel Sie bedingungslos und absolut. Sie sind frei von Erwartungen an Sie, wenn Sie einen "Fehler" machen werden Ihre Schutzengel Sie zu keiner Zeit verurteilen, (die Engel betonen mir gegenüber immer wieder "Menschen machen keine Fehler, sondern sie lernen nur Lektionen) oder Sie weniger lieben, nein es ist vollkommen egal, was Sie tun oder wie Sie Ihr Leben führen, Ihre Schutzengel lieben Sie immer, in jeder Lebenslage, sie sind zu jeder Zeit gerne für Sie da. Vom Tage Ihrer Geburt an bis zu Ihrem Lebensende an dreihundert fünfundsechzig Tagen im Jahr und an vierundzwanzig Stunden des Tages sind Ihre Schutzengel unaufhörlich an Ihrer Seite. Sie wachen ständig über Sie, lachen mit Ihnen wenn Sie fröhlich sind, spenden Ihnen Trost, wenn Sie traurig sind und geben Ihnen die Ruhe zurück, wenn Sie mal wütend sind.

Ihre Schutzengel lesen Ihnen von Herzen gerne jeden Wunsch von den Augen ab. Für sie ist nichts zu groß, aber auch nichts zu klein. Also vergessen Sie Denkmuster, die Ihnen sagen, dass Sie Ihren Schutzengel nicht mit dieser Kleinigkeit "belästigen" können, denn Ihr Anliegen, welches Ihnen gerade wichtig ist, nehmen Ihre Schutzengel stets ernst.

Sie werden sich zu keiner Zeit von Ihnen belästigt fühlen, denn Sie und Ihre Bedürfnisse sind ihnen stets wichtig und sie werden niemals von Ihren Schutzengeln als Belastung wahrgenommen. Im Gegenteil, Ihre Schutzengel freuen sich darüber Ihnen endlich helfen zu dürfen, denn wie schon erwähnt, ist dies die allergrößte Freude für sie.

Jeder Wunsch, den Sie auf dem Herzen haben ist für Ihre Schutzengel gleichermaßen wichtig und sie werden immer mit aller Kraft und größter Intensität an der Verwirklichung Ihrer Herzenswünsche arbeiten.

Egal was vielleicht andere Menschen aus Ihrem Umfeld sagen, was andere Menschen für wichtig oder unwichtig halten, denn es kann ja durchaus sein, dass Ihnen jemand aus Ihrem Umfeld schon mal gesagt hat, dass das was Sie wünschen belanglos oder bedeutungslos fürs Leben sei. Solche Worte haben für Ihre Schutzengel keinerlei Bedeutung, denn was Sie persönlich auf dem Herzen haben, Sie für Ihren inneren Frieden benötigen und in Ihren Augen für Ihr persönliches Leben wichtig, das entscheiden Sie ganz allein und dies wird von Ihren Schutzengeln immer ernst genommen.

Was Ihre Schutzengel, wie alle anderen Engel auch nicht dürfen und unter keinen Umständen tun werden ist zu manipulieren, also sich in den freien Willen einer anderen Person einzumischen oder jemanden Schaden zuzufügen, denn schließlich sind die Engel den göttlichen Gesetzen unterworfen und handeln immer zum höchsten Wohle aller beteiligten Personen.

Selbstverständlich schließt das nicht aus, dass Sie die Schutzengel anderer Menschen um etwas bitten, was dem höchsten Wohl dieser Person dienlich ist, zum Beispiel Schutz auf einer Reise, Trost nach einem Verlust, oder Begleitung und Führung für einen von Ihnen geliebten Menschen.

Der Name Ihrer Schutzengel

Vielleicht haben Sie sich schon öfter gefragt, wie darf ich meine Schutzengel denn ansprechen. Natürlich können Sie sie jeder Zeit mit "meine lieben Schutzengel" ansprechen. Aber Sie können auch mit einem ganz einfachen kleinen Engelritual die Namen Ihrer Schutzengel erfragen:

Begeben Sie sich an einen Ort, wo Sie garantiert ungestört sind, zünden Sie eine weiße Kerze an, wenn Sie mögen stellen Sie Ihren Schutzengel ein paar Blumen hin und sorgen Sie insgesamt für eine schöne und angenehme Atmosphäre. Setzen Sie sich bequem hin und Erden Sie sich, indem Sie sich vorstellen wie Wurzeln aus Ihren Füßen in den Boden wachsen, ganz tief in den Boden hinein, bis Sie sich gut mit Mutter Erde verbunden fühlen. Als nächstes bitten Sie Ihre Schutzengel, Sie mit Ihren Engelsflügeln zu Umarmen, halten Sie kurz inne und spüren Sie, wie wunderschön sich die Umarmung Ihrer Schutzengel anfühlt. Sie werden ein Gefühl tiefster Entspannung fühlen. Sobald Sie vollkommen entspannt sind stellen Sie die Frage: "Meine lieben Schutzengel, bitte nennt mir Eure Namen. Die ersten Namen, die Ihnen in den Sinn kommen sind die Namen Ihrer Schutzengen, hinterfragen Sie diese nicht, sondern nehmen Sie diese Namen einfach an denn Sie sind real. Es kann auch sein, dass mehr wie zwei Namen genannt werden, dies heißt nur dass Sie mehr wie zwei Schutzengel haben, aber wichtig ist, dass alle Namen, die Ihnen während dieser Übung in den Sinn kommen richtig und wahr sind und Sie diese einfach annehmen.

Die göttliche Ordnung

Im Universum besteht eine vollkommen göttliche Ordnung, in der es eine ganz klare Aufgabenverteilung gibt. Für jeden Bereich sind bestimmte Engel und himmlische Helfer zur Erledigung der göttlichen Gesetze abbestellt. Jedem Engel und Lichtwesen macht es eine große Freude und es ist eine Ehre, die jeweiligen Aufgaben ausführen zu dürfen, denn Sie dienen unserem Schöpfer und uns Menschen mit unendlicher Hingabe und Liebe, alles was sie tun machen sie aus Liebe, denn die Liebe ist die stärkste Macht im Universum und in Wahrheit alles, was existiert. Es ist alles aus der unendlichen Liebe unseres Schöpfers geschaffen worden und die Engel und himmlischen Helfer tragen diese unendliche und Bedingungsliebe in sich.
In der Engelhierarchie gibt es drei Sphären, all diese Sphären sind Mutter Maria unterstellt, denn sie ist die Königin der Engel und regelt sämtliche Aufgaben und deren Verteilung. Auf die Engel der einzelnen Sphären werde ich gleich im Anschluss genauer Eingehen, hier nur eine kleine Übersicht:

Die Engel der ersten Sphäre sind die Cherubim, die Seraphim und die Throne
In der zweiten Sphäre finden Sie die Herrschaften, die Mächte und die Gewalten.
Die Erzengel und unsere Schutzengel sind die Engel der dritten Sphäre.

Die Engelhierarchie teilt sich in drei Sphären auf. Innerhalb dieser Sphären sind die Engel ganz klar nach ihrer größe und Macht angeordnet.

Die Engel der ersten Sphäre

Die Seraphim

Die Seraphimengel sind die Ranghöchsten Engel, in der Engelhierarchie. Der Name Seraphim kann übersetzt werden mit "der Leuchtende", was auf ihr strahlend, helles reinweißes Licht hinweist, welches sie verbreiten. Sie verfügen über sechs prachtvolle Flügel und stehen Gott und seinem Himmelsthron am nächsten. Sie umschweben Gottes Thron unaufhörlich und singen ihm sein Loblied (Heilig, heilig).
Die Seraphim absorbieren das Licht der Quelle und geben es an alle Engel der nachfolgenden Rangordnungen weiter. Ihr Licht ist von solch immens großer Stärke und Intensität, dass es für uns Menschen und alle Lebewesen die auf der irdischen Ebene befinden nicht erträglich wäre. Es strahlt so hell, dass jedes sterbliche Wesen unweigerlich darin verbrennen würde.
Sie lehren uns, dass das Licht Gottes alle Zeit bei uns ist und über allem steht, dass die Liebe und das Licht der göttlichen Quelle unerschöpflich ist und dass jeder einzelne von uns Menschen unendlich geliebt wird.
Sie vertreiben jeden Schatten aus dem Universum und sorgen durch die Kraft der göttlichen Liebe dafür, dass das göttliche Licht immer und zu jeder Zeit über allem steht, was in diesem Universum existiert.
Zu den Serphimengeln gehören zum Beispiel Jehoel, Seraphiel und Metatron, der auch zusätzlich zur Gruppe der Erzengel

gehört und einer der zwei Engel ist, die einst als Menschen auf der Erde lebten, was in der Welt der Engel eine riesige Ausnahme darstellt.

Die Cherubim

Die Cherubim stehen an zweiter Stelle des ersten Chores in der Engelhierarchie. Der Name Cherubim bedeutet "Fülle und Weisheit", man kann Cherubim auch mit "der Fürsprache haltende" übersetzen.
Die Cherubimengel haben vier prachtvolle Flügel und vier Gesichter. Mit diesen vier wunderschönen Gesichtern ist es ihnen möglich alles zu überblicken und zu überwachen, was in unserem Universum geschieht.
Sie sind die Engel Weisheit und verbreiten ihr wunderbares Licht im gesamten Universum. Sie tragen alles Wissen und alle Weisheit des Kosmos in sich und geben es an die nachfolgenden Engel weiter.
Sie sind auch die Hüter und Bewacher des Gartens Eden. Nach dem allseits bekannten Rauswurf von Adam und Eva aus dem Garten Eden hat Gott zwei Cherubimengel abbestellt, um den Garten zu bewachen, damit er für die Menschen unsichtbar und unerreichbar zu Lebzeiten bleibt.
Sie sind außerdem die Engel der Fürbitte, die für uns Menschen bei Gott Bitten. Sie haben nach dem sogenannten Sündenfall von Adam und Eva auch Fürbitte gehalten, dass Sie im Garten Eden bleiben dürfen, was aber nichts genutzt hat, wie wir alle heute wissen, denn Gott hatte andere Pläne mit uns, er wollte uns die tollen Gelegenheiten zum Lernen und Wachsen geben, somit ist natürlich auch der Rauswurf aus dem Garten Eden keineswegs als Strafe Gottes zu sehen, sondern als ein

großartiges göttliches Geschenk.

Biblische Überlieferungen bezeichnen die Cherubimengel, als Engel mit besonders hohem Stellenwert. Sie repräsentieren die Macht Gottes und seine Regierung.

Kerubiel, Ophaniel und Chamuel gehören den Cherubimengeln.

Die Throne

Mythologisch werden die Throne sehr häufig als Feuerräder dargestellt. Das Rad steht hier in der Symbolik für den unendlichen Kreislauf von Geburt, Tod, und Reinkarnation. Die Throne sind für alles zuständig was mit den Themen des ewigen Kreislaufs zu tun hat, Sie überwachen die Geburt, den Tod und den Prozess der Wiedergeburt jeder einzelnen Seele, sowie sämtliche Aufgaben, die diese Seele vor diesem Leben, gemeinsam mit dem göttlichen Rat plant und für das nächste Erdenleben bestimmt.
Die Throne stehen, Gottes Thron, wie ihr Name schon vermuten lässt unheimlich nahe und umschweben ihn gemeinsam mit den Seraphimengeln.
Sie bringen Gottes unendliche und absolut liebevolle Macht, seinen Ruhm, seine bedingungslose Liebe und das großartige Licht der göttlichen Quelle zu uns, in dem sie diese wundervollen Eigenschaften absorbieren und auf unsere Erde reflektieren.
Die Throne sind außerdem auch noch die Engel der Lebensenergie, als solche sind sie in der Lage jedem Menschen unendlich viel Kraft und Energie zu schenken und sie können als einzige Engel den menschlichen Willen zum guten wenden, damit Menschen sich wieder um das allgemeinwohl kümmern.

Zu den Thronen zählen Engel wie Tzaphiel und Orephiel.

Die Engel der zweiten Sphäre

Die Herrschaften

Die Herrschaften sind die Ranghöchsten Engel der zweiten Sphäre.
Ihre Aufgabe ist es die wundervolle Energie von Gottes höchster Gnade zur Erde, zu uns Menschen und zu allen irdischen Lebewesen zu bringen und uns in diese wundervolle Energie einzuhüllen.
Sie begleiten tatsächlich alle irdischen Regenten und Herrscher, bei denen sie stets versuchen, ihnen den Weg der Gnade, Gerechtigkeit und einer stets liebevollen Regentschaft, nach den Gesetzen von Frieden und Liebe zu lehren.
Sollten Sie also den Wunsch verspüren, dass es in einem bestimmten Land friedlicher, gerechter und liebevoller zugeht, dann wenden Sie sich mit dieser bitte vertrauensvoll an die Herrschaften und bitten darum die entsprechenden verantwortlichen Personen zu begleiten, zu unterstützen und ihnen den Weg von Gottes Liebe zu lehren, damit Regierung nach göttlichen Prinzipien auf unserer wundervollen Erde geschaffen werden kann.
Die Energie der Herrschaften besteht komplett aus Gottes unendlicher Gnade, sie vergeben und verzeihen alle Verfehlungen der Menschen, wenn wir sie darum bitten. Sie Urteilen, wie alle Engel zu keiner Zeit und in keiner Situation über uns.

Sie Regeln außerdem sämtliche Pflichten aller unter ihnen stehenden Engel.

Zu den Herrschaften gehören Chasmael, Zadkiel und Yahriel.

Die Mächte

Die Mächte regeln alles was mit der Natur und unserer Umwelt zu tun hat, sie verursachen zum Beispiel die sogenannten Naturkatastrophen, die dem Zwecke der Reinigung und Läuterung der Erde dienen und durch die sich unsere wundervolle Welt gegen die Ausbeutung durch den Menschen zur Wehr setzt.
Die Naturkatastrophen sind nicht dafür da die Menschheit zu bestrafen, dies möchte ich ausdrücklich betonen, denn wie ich schon mehrfach erwähnt habe, Gott und die Engel urteilen niemals und dementsprechend werden sie uns auch niemals bestrafen, im Gegenteil diese wundervollen Wesen, ebenso wie alle Engel und auch Gott selbst lieben uns absolut bedingungslos und wollen nichts anderes, als dass es uns gut geht.
Sie wollen uns lehren liebevoll mit Mutter Natur umzugehen und die Ressourcen unserer Erde zu schützen.
Außerdem sind Sie dafür zuständig die Pläne des göttlichen Rates zur Umsetzung zu bringen.
Speziell was das neue Zeitalter angeht, dies hat am 21.12.2012 begonnen und wird mit dem 21.12 2032 enden sagen mir die Engel und es wird ein komplett neues Bewusstsein des Lichtes und der Liebe auf unserem ganzen Planeten entstehen, deshalb ist es unendlich wichtig, dass wir alle uns den Engel und Gott öffnen und Liebe in die Welt senden, damit dies geschehen kann helfen uns die Mächte unser menschliches Bewusstsein

auf eine neue und wunderbare Ebene zu bringen. Zu den Mächten gehören Hagiel, Barbiel, Sabrael und Hamliel.

Die Gewalten

Die Engel aus der Gruppe der Gewalten werden auch Elohim genannt. Sie sind die wundervollen Wächter des Pfades zum Himmelreich. Sie sind in der Lage verlorene Seelen zurück auf den göttlichen Weg zu führen.
Gemeinsam mit den Mächten sorgen die Gewalten dafür, dass die Pläne des göttlichen Rates leicht umgesetzt werden können und räumen dafür alle Hindernisse und Hürden, die dem Licht im Wege stehen aus dem Weg.
Sie halten die Energie auf der Erde im Gleichgewicht. Sie bekämpfen ständig und immerzu die Dämonen und Wesen, die der Finsternis entspringen, denn ihr größtes Bedürfnis ist es uns Menschen vor diesen negativen Energien zu behüten und zu beschützen.
Die Elohim kämpfen ohne Unterlass und unerschütterlich gegen die negativen Wesenheiten der Hölle, denn Ihre göttliche Aufgabe ist es uns ganz und für immer von den Schattenwesen zu befreien.
Jeder Mensch hat Licht und Schatten in seiner Seele, dies ist in unserer noch Dualen Welt, dies wird sich ja bis 2032 geändert haben, noch notwendig, denn wir brauchen den Schatten noch, um das Licht sehen zu können.
Die Gewalten aber sorgen dafür, dass die Schattenanteile unserer Seele nicht überhand nehmen. Sie lehren uns Gutes zu tun und Licht in die Welt zu bringen.
Dank diesen wundervollen Wesen, von Gottes höchster

Integrität, ist es so, dass das Gute und nicht das böse unsere Erde regiert.
Zu den Gewalten gehören Camael und Verchiel.

Die Fürstentümer

Die Engel aus der Gruppe der Fürstentümer werden auch als Urkraft oder die Ursprungskräfte bezeichnet.
Zusammen mit den Herrschaften leiten und begleiten sie unser irdischen Regenten, Herrscher und Führer, und sie wollen die regierenden Personen schützen und leiten, sowie diese auf den Pfad zur göttlichen Gerechtigkeit auf unserer Erde führen.
Die Fürstentümer arbeiten sehr eng mit unseren Schutzengeln zusammen und können sich dadurch ganz still und unauffällig in die Angelegenheiten eines jeden einzelnen auf wundervoll heilende Weise einmischen.
Die Fürstentümer sollen die ursprüngliche Spiritualität und das damit verbundene Lichtbewusstsein auf die Erde zurückbringen und alle Religionen auf den Weg zur Wahrheit Gottes führen, so dass die Dogmen und von Menschen gemachten religiösen Gesetze verschwinden und ihre Gültigkeit verlieren und innerhalb der religiösen Gemeinschaften nur noch Licht und Liebe zählen.
Die Fürstentümer sind außerdem zuständig für das menschliche Bewusstsein und die geistige Energie. Wenn Sie also Hilfe brauchen, bei der Entwicklung eines neuen, höheren Lichtbewusstsein, sind die Fürstentümer mit Sicherheit die richtigen Ansprechpartner.
Zu den Fürstentümern gehören Hagiel und Cerviel.

Die Erzengel

Von den wundervollen Erzengeln werden Sie alle wohl schon mal etwas gehört haben, denn sie sind die bekanntesten in der Welt der Engel. Fast jeder hat bereits Namen wie Michael, Raphael, Gabriel und Uriel gehört, um nur die bekanntesten Vertreter unter den Erzengeln zu nennen. In Wahrheit existieren viel mehr Erzengel, die die Aufgabe haben uns Menschen zu helfen und uns zu unterstützen, Ich denke wir können uns darauf einigen, dass die Anzahl der existierenden Erzengel unendlich groß ist, ich selbst habe Kontakt zu 15 Erzengeln, die ich Ihnen nachfolgend alle sehr ausführlich erklären werde. Die Namen der meisten Erzengel enden auf el, was so viel bedeutet, wie Leuchten, Strahlen oder auch Gott. Zwei Erzengel bilden hier eine Ausnahme, nämlich der Erzengel Metatron und der Erzengel Sandalphon, welche diejenigen sind, die die aller größte Ausnahme unter den Engeln bilden, denn sie sind die einzigen zwei Engel, die je als Menschen auf der Erde gelebt haben, worauf ich an späterer Stelle noch mal genauer eingehen werde.
Die Erzengel fungieren als direkte Boten zwischen unserem Schöpfer und uns Menschen und erleichtern uns so unendlich die direkte Kommunikation mit der göttlichen Quelle.
Sie dienen Gott seit Anbeginn der Zeiten und sind wie alle Engel viel älter als wir Menschen, ja sogar viel älter als die Erde selbst, wahrscheinlich sogar älter, wie das gesamte Universum.

Die Erzengel haben nur eines im Sinne, uns mit ihrer unendlichen Liebe zu helfen und uns zu unterstützen bei allem was wir tun. Sie wollen als direkte Verbindung zu unserem Schöpfer an unserer Seite stehen. Jeder einzelne Erzengel hat besondere Aufgaben und seine Steckenpferde, womit er uns unterstützen kann wenn wir es ihm, durch unsere Bitte, erlauben. Natürlich können Sie sich zu keiner Zeit und mit keiner Bitte an den falschen Erzengel wenden, denn wenn Ihr Anliegen nicht in den Zuständigkeitsbereich des jeweiligen Erzengels liegt, dann wird er Ihre Bitte an den zuständigen Erzengel weiter geben, der sich dann mit all seiner Liebe um alle Ihre Anliegen kümmern wird.

Genauso wie unser Schutzengel und alle anderen Engel und natürlich Gott selbst, empfinden auch die Erzengel eine unendliche und bedingungslose Liebe für uns Menschen und sind immer und jederzeit mit all ihrer Kraft und aus vollem Herzen bei uns. Sobald wir den Namen eines Erzengels rufen mit Worten oder in Gedanken, ist er auch sofort im gleichen Moment mit all seiner Liebe und Kraft an unserer Seite, denn Sie sind für die Erzengel von aller größter Wichtigkeit und haben höchste Priorität, ganz einfach darum, weil Sie ein Mensch sind. Es gibt für die Erzengel ganz genau so, wie bei Ihrem Schutzengel nichts schöneres, als Ihnen helfen zu dürfen. Damit er Ihnen helfen darf ist nur eines von Nöten, Sie müssen es ihm erlauben, in dem Sie ihn darum bitten, denn wie sich schon an anderer Stelle erwähnt habe, dürfen die Erzengel genauso wenig, wie der Schutzengel ungefragt in Ihr Leben

eingreifen, wegen ihres freien Willens, Sie dürfen ohne Ihr
erklärtes Einverständnis garnichts für Sie tun. Aber sobald Sie
den Erzengeln durch Ihre Bitte die Erlaubnis erteilt haben, sind
sie aber sofort damit beschäftigt Ihren Wunsch zu erfüllen,
daran arbeiten die Erzengel dann mit all ihrer unendlichen
Liebe, denn wie gesagt es ist das größte Geschenk für die Engel
Ihnen endlich helfen zu dürfen und für Sie zu jeder Zeit da sein
zu dürfen. Wie Sie die Erzengel bitten ist egal, es ist nur
wichtig, dass Sie es tun.

Lieder besteht bei sehr vielen Menschen das Problem darin,
dass sie sich selbst klein denken und leider meinen sie dann,
dass die Erzengel bestimmt besseres oder wichtigeres zu tun
haben, als gerade ihnen zu helfen.

Haben Sie vielleicht auch schon mal gedacht, dass Sie wenn Sie
jetzt die Engel um Hilfe bitten würden, Sie die Engel vielleicht
von wichtigerem abhalten könnten? Wenn Sie diese Frage mit
ja beantwortet haben, dann bin ich sehr froh, dass ich Sie jetzt
eines besseren belehren darf. Denn dieser Gedanke setzt voraus,
dass es für die Engel Grenzen gibt, allerdings ist es so, dass
Grenzen von Menschen gemacht werden, bei Gott und den
Engeln existieren diese nicht. Ganz im Gegenteil, Engel sind
grenzenlose Wesen und reisen schneller als das Licht durch Zeit
und Raum. Durch diese Tatsache sind sie in der Lage bei jedem
von uns gleichzeitig zu sein und können jedem von uns mit der
gleichen Liebe, Kraft und Intensität zur Hilfe eilen. Lassen Sie
also Ihre Begrenzungen los und lassen Sie sich jederzeit und in
jeder Situation, die für Sie persönlich wichtig ist von diesen

wunderbaren, himmlischen Wesen helfen und unterstützen. Übrigens, wenn Sie nicht wissen, wie Sie Ihren Wunsch formulieren oder was genau Sie sich wünschen, dies ist sehr einfach, weil die Engel und Erzengel immer genau wissen was Sie brauchen, aber wie Sie ja wissen brauchen sie Ihre Erlaubnis, um Ihnen helfen zu dürfen. Ein einfaches „Erzengel... (Name des Engels) hilf mir" bitte reicht vollkommen aus, damit erlauben Sie dem Engel aktiv zu werden und Ihnen zu helfen und seien Sie versichert, er wird Ihnen auf der Stelle zur Hilfe eilen und Ihnen genau das bringen, was Sie in dieser Situation benötigen. Denken Sie immer daran die Engel und Erzengel haben immer nur eines im Sinn und das ist Ihr höchstes Wohl und sie wissen immer ganz genau was Sie brauchen und werden dafür sorgen, dass Sie es auch bekommen. Das einzige was Sie tun müssen ist Ihren Botschaften zu lauschen und auf Ihre Zeichen zu achten, wie dies tun dazu komme ich später.

Erzengel Metatron

Erzengel Metatron ist gleichzeitig Fürst der Erzengel und neben Seraphiel ist er der Fürst der Seraphimengel. Er steht von allen Engeln unserem Schöpfer am nächsten und wird auch als die Stimme Gottes bezeichnet. Sein Name bedeutet "wer ist wie Gott."
In der biblischen Mythologie taucht er zwar nie namentlich auf, aber dennoch ist er sehr häufig indirekt erwähnt. Wie schon gesagt ist Erzengel Metatron die Stimme Gottes, er sprach z.B. Als brennender Busch zu Moses, um ihm mitzuteilen, dass er sein Volk ist gelobte Land führen wird, diktierte Moses die 10 Gebote auf dem Berg Sinai, sprach als Gottes Stimme zu den Propheten usw.
Metatron ist der König aller Engel und stellt somit das Bindeglied zwischen unserem Schöpfer und uns Menschen dar, denn über Erzengel Metatron übermittelt Gott alles, was er uns mitteilen möchte, über ihn spricht der Schöpfer zu uns Menschen
Er ist der Engel des Alpha (A) und des Omega (Ω), also der Engel des Anfangs und des Endes.
Er bildet unter den Engeln neben Erzengel Sandalphon eine absolute Ausnahme. Erzengel Metatron lebte einst als Mensch auf der Erde und zwar als der Prophet Hennoch. Hennoch führte auf Erden ein mehr, wie vorbildliches Leben und verkörperte Gottes Liebe, in dem er sein gesamtes Leben nach den wahren göttlichen Gesetzen aus Licht und Liebe

ausrichtete. Für dieses einzigartige Leben, was er führte wollte der Schöpfer Hennoch belohnen und das tat er, in dem er ihn als Engel in den Himmel empor hob.
Erzengel Metatron ist Überwacher der Akasha Chronik, die das gesamte Kosmische Gedächtnis darstellt. In der Akasha Chronik sind alle unsere Leben bis ins kleinste Detail aufgeschrieben, unsere guten ebenso wie unsere schlechten Taten. Diese Auflistung ist entscheidend dafür, ob wir nach dem Leben ins Licht aufsteigen dürfen, ich möchte an dieser Stelle erneut betonen, dass Gott und die Engel uns niemals Bestrafen, also auch das Leben auf der Erde in keinem Fall eine Strafe darstellt, sondern die Erde hat im Universum eine ganz besondere Rolle, sie ist der Schulungsplanet schlecht hin und wir kommen hier her, um zu lernen, damit unsere Seelen ins Lichtbewusstsein aufsteigen darf. Wenn Sie also nach diesem Leben erneut inkarnieren, ist dass nicht, weil Sie irgendwie ein besonders schlechter Mensch gewesen sind, sondern weil Sie noch weiter lernen und wachsen dürfen.
Erzengel Metatron kennt Ihre Seele ganz genau und intensiv. Er weiß ganz genau über den Lebensplan eines jeden einzelnen Menschen Bescheid, den dieser sich vor diesem Leben gemeinsam mit dem göttlichen Rat zurechtgelegt hat, und überwacht dieses.
Wenn Sie vor wichtigen Entscheidungen in Ihrem Leben stehen und nicht genau wissen, wie es weiter gehen soll, oder wofür Sie sich entscheiden sollen, dann ist Erzengel Metatron mit Sicherheit der absolut richtige Ansprechpartner und Wegweiser

für Sie. Metatron kann Sie in der Entscheidungsfindung unterstützen und Ihnen helfen, die für Sie richtige und passende Entscheidung zu treffen, wenn Sie ihn darum bitten, und er kann dadurch verhindern, dass negative Konsequenzen aus einer falsch getroffenen Entscheidung, auf Sie zukommen. Wichtig ist natürlich erstens ihn zu bitten, denn Sie wissen ja bereits, durch Ihre bitte geben Sie dem Engel die Erlaubnis, Ihnen helfen zu dürfen und dann sollten Sie den Verstand ausschalten und nur darauf hören was Ihre innere Stimme, Ihre Intuition Ihnen sagt oder Sie eventuell. Über Ihre Träume eingegeben bekommen, denn über diese zeigt Erzengel Metatron was wichtig für Sie ist und welche Entscheidung die bestmögliche für Ihr Leben ist.

Wenn Sie dazu bereit sind kann Erzengel Metatron Ihnen helfen Ihren Lebensplan und Seelenweg zu erkennen und zu ergründen, denn zu seinen Aufgaben zählt auch die Transformationsarbeit durch unendliche Liebe. Wenn Sie zum Beispiel das Gefühl haben im Dunkeln zu tappen und Sie durch Ihre bisherigen Glaubens- und Verhaltensmuster nicht wirklich vorwärts kommen und denken, dass Sie noch meilenweit vom Ziel entfernt sind, kann er Ihnen dabei helfen, starre Strukturen aufzulösen, Ihre falschen Glaubens- und Verhaltensmuster über sich selbst, andere und die Welt aufzulösen und umzuwandeln und dadurch wieder eine positive Sichtweise von Licht und Liebe zu dem Leben auf Gottes wunderschöner Erde zu erlangen.

Erzengel Metatron Energie ist überaus fein, sanft und klärend.

Metatron kann durch seine Energie auch Ihre Chakren, also Ihren Hauptenergiezentren, in Ihrem Körper, reinigen, klären und öffnen.
Chakra: Erzengel Metatron ist zuständig für Ihr Kronenchakra.
Farbe: Reines, strahlendes weiß, bzw. Alle Farben des Regenbogenspektrums.

Für welche Lebensbereiche ist Erzengel Metatron zuständig?

- Erzengel Metatron ist gerne als Wegweiser für Sie da, wenn Sie wichtige Lebensentscheidungen zu treffen haben, bei denen es um neue Lebenssituationen geht.

- Erzengel Metatron steht Ihnen gerne als wertvoller Ratgeber in Fragen des Gewissens helfend und unterstützend zur Seite.

- Erzengel Metatron kann eine unendliche Hilfe sein, wenn es darum geht Ihre wirklichen und wahren Potenziale zu erkennen und diese in Ihr Leben zu integrieren.

- Erzengel Metatron kann Ihnen bei der Manifestierung helfen, wenn es darum geht Ihre wahren Visionen und Ihre inneren Bilder in die materielle Welt hineinzubringen.

- Erzengel Metatron kann Ihnen Trost und Kraft geben nach schweren Verlusten, zum Beispiel, wenn Sie gerade einen Menschen verloren haben

- Erzengel Metatron ist gerne für Sie da, wenn es darum geht alte Begrenzungen aufzulösen, also zu erkennen, dass Gottes Erde ein grenzenloser Ort ist.

Gebete zu Erzengel Metatron

Grundsätzlich ist es, wie Sie ja bereits wissen vollkommen egal, wie Sie beten und ein einfaches "Erzengel Metatron hilf mir" reicht natürlich vollkommen aus, dennoch möchte ich Ihnen einige Gebete vorstellen, die Ihnen das Beten zu Erzengel Metatron erleichtern können.

- Lieber Gott, lieber Erzengel Metatron, ich rufe Euch herbei. Ich danke Euch von ganzem Herzen dafür dass ich Unterstützung und Hilfe in meiner, für mich wichtigen Entscheidungsfrage wegen (beschreiben Sie die Situation) erhalte. Bitte lieber Metatron führe mich auf meinem Weg zu der besten Entscheidung zum höchsten Wohl für alle daran beteiligten Personen. Lieber Erzengel Metatron, ich danke Dir von ganzem Herzen, so ist es. Amen.

- Lieber Gott, lieber Erzengel Metatron, ich rufe Euch herbei. Ich danke Euch von ganzem Herzen dafür, dass Ihr mir helft immer und stets mit besten Wissen und Gewissen zu handeln. Ich bitte von ganzem Herzen um Hilfe bei meiner Gewissensfrage (nennen Sie Ihr Anliegen. Lieber Erzengel Metatron, ich danke Dir von ganzem Herzen, so ist es. Amen.

- Lieber Gott, lieber Erzengel Metatron, ich rufe Euch herbei. Ich danke Euch von ganzem Herzen für die Begleitung und Führung, die Ihr mir schenkt und bitte

Euch helft mir meine wahre Berufung und all meine Potenziale zu erkennen und diese in mein Leben zu integrieren. Erzengel Metatron, ich danke Dir von ganzem Herzen, so ist es. Amen.

- Lieber Gott, lieber Erzengel Metatron, ich rufe Euch herbei. Ich danke Euch von ganzem Herzen für all meine Visionen und inneren Bilder und bitte um Hilfe, diese in mein Leben zu manifestieren. Erzengel Metatron, ich danke Dir von ganzem Herzen, so ist es. Amen.

- Lieber Gott, lieber Erzengel Metatron, ich rufe Euch herbei. Ich danke Euch von ganzem Herzen dass Ihr mir Trost spendet und bitte Euch von ganzem Herzen, dass Ihr mir helft den Verlust von (beschreiben Sie Ihren Verlust) zu überwinden um wieder mit Leichtigkeit durchs Leben gehen zu können. Erzengel Metatron, ich danke Dir von ganzem Herzen, so ist es. Amen.

- Lieber Gott, lieber Erzengel Metatron, ich rufe Euch herbei. Ich danke Euch von ganzem Herzen für diese wunderbare grenzenlose Welt und bitte darum mir zu helfen meine inneren Begrenzungen und falsche Glaubens- und Verhaltensmuster in mir komplett aufzulösen. Erzengel Metatron, ich danke Dir von ganzem Herzen, so ist es. Amen.

- Lieber Gott, lieber Erzengel Metatron, ich rufe Euch herbei. Ich danke Euch von ganzem Herzen für die wunderbare Arbeit, die Ihr tagtäglich macht, ich bitte darum all meine Chakren von Unreinheiten zu reinigen zu klären und zu öffnen. Erzengel Metatron, ich danke Dir von ganzem Herzen, so ist es. Amen.

Affirmationen zu den Energien von Erzengel Metatron:

- Ich bin in der Lage immer die richtigen Entscheidungen für mein Leben zu treffen.

- Ich erkenne immer was das richtige ist und halte mein Gewissen rein.

- Ich finde zurück zum Ursprung meines Seins.

- Ich erkenne mein waren Potenziale und lebe meine Berufung.

- Ich bringe meine Visionen in die materielle Welt.

- Ich lasse meine Trauer zu und schaue positiv nach vorne.

- Ich bin ein grenzenloses Wesen, ich erreiche alles was ich mir wünsche.

Erzengel Sandalphon

Erzengel Sandalphons Name bedeutet "Bruder". Neben Erzengel Metatron ist er einer der beiden Engel, welche einst auch als Menschen auf der Erde gelebt hat.
In seinem Erdenleben war er als der Prophet Elias bekannt, der von seiner Kindheit an von ganzem Herzen erfüllt war mit feurigem Eifer für Gott und seine unendlich Liebe und Weisheit zu leben. Er hat sein Leben, dem Ziel gewidmet, alles daran zu setzen, dass Gottes Gesetz von Licht und Liebe sich auf der Erde verbreiten möge und gelebt werden kann. Elias hatte eine unendliche und bedingungslose Liebe zu Gott in sich, aufgrund dieser Liebe entband Gott Elias vom ewigen Kreislauf aus Geburt, Tod und Reinkarnation und hob ihn als Erzengel Sandalphon in den Himmel empor.
Erzengel Sandalphon können Sie vereinfacht als den "Wunscherfüllungsengel" ansehen. Wenn Sie ein Gebet an Gott richten, ist es immer Erzengel Sandalphon, der Ihr Gebet in seine Hände nimmt und es klar und unverfälscht zu unserem Schöpfer trägt, wo Ihre Gebete wiederum sofort erhört und beantwortet werden.
Erzengel Sandalphon wird auch als Engel des Heiligen Geistes bezeichnet. Sofern Sie in bitten, bereits und entschlossen sind mit Erzengel Sandalphon zu arbeiten und ihn anrufen, wird er Ihnen helfen Seele unter die schönste aller Energien, nämlich die Energie aus Licht und Liebe, welche direkt von unserem Schöpfer ausgeht bzw. Unter die göttlichen Mächte und Kräfte

einzuordnen.

Er hilft allen Menschenseelen, sich für wahrhaftiges spirituelles Bewusstsein zu öffnen und wenn Sie es wünschen, kann er Ihnen helfen aus Ihrem Seelenschlaf aufzuwachen, Sandalphon kann Sie also wahrhaft aufwecken und erwecken, so dass Sie die wahre Schönheit Ihrer eigenen Seele erkennen und Sie dadurch lernen Gott wahrhaftig zu sehen und erkennen in allem was ist.

Erzengel Sandalphon wird auch als "der Gärtner Gottes" bezeichnet, da er sehr eng und intensiv mit Mutter Erde verbunden ist, durch diese Verbundenheit ist er in der Lage Ihnen in Ihrem Leben das Sicherheitsgefühl und das Urvertrauen zurückzubringen. Wenn Sie das Gefühl haben, Sie hätten den Boden unter Ihren Füßen verloren, oder das Gefühl in Ihnen besteht gerade Höhenflüge zu bekommen, also Sie aus verschiedenen Gründen gerade dabei sind "abzuheben" und Ihre eigentlichen Wurzeln nicht mehr wahrnehmen und spüren können, kann Erzengel Sandalphon Ihnen helfen, Ihr Sicherheitsgefühl wiederzuerlangen, sich wieder zu Erden, also den Boden unter Ihren Füßen zurückzubekommen und Sie wieder mit Mutter Erde zu verbinden.

Wenn Sie gerade auf der Suche nach einer Partnerschaft sind und die Nase voll haben von irgendwelchen Halbheiten, also für Sie nur die perfekte Partnerschaft in Frage kommt, dann kann Erzengel Sandalphon Ihnen dabei helfen Ihre Zwillingsflamme/ Zwillingsseele, also Ihr wahrhaft perfektes Gegenstück in Ihr Leben zu bringen. Ihre Zwillingsseele ist der Partner/ die

Partnerin, welche/r ideal zu Ihnen und zu Ihrem Leben passt, die perfekte Ergänzung zu Ihrer eigenen Persönlichkeit, der sogenannte Punkt auf dem i, denn perfekt sind Sie schon alleine, Gott hat Sie nämlich, genau wie jeden anderen Menschen perfekt nach seinem Bilde geschaffen.

Haben Sie vielleicht manchmal das Gefühl zu erwachsen geworden zu sein, wenn ja kann Erzengel Sandalphon Ihnen helfen wieder den Kontakt zu Ihrem inneren Kind zu bekommen, damit Sie lernen die kindlichen und unbefangenen Anteile Ihrer Seele wieder leben zu können, einfach mal wieder ein Kind zu sein und die Welt mit kindlichen Augen zu betrachten Jesus Christus hat es uns bereits gelehrt, indem er sagte "seit unschuldig, wie die Kinder, denn Ihnen gehört das Himmelreich. Also bitten Sie Erzengel Ihnen den Zugang zu geben zu Ihrem inneren Kind, damit Sie Ihren Himmel auf Erden erschaffen können. Er zeigt Ihnen ganz genau auf, was Ihr kindliches ICH braucht und bedarf zum glücklich sein, was Sie tun können, um diese wunderbare Unbefangenheit wieder zu leben.

Vielleicht belasten Sie im Hier und Jetzt auch noch Wunden und Verletzungen aus Ihrer Vergangenheit. Auch hier kann Erzengel Sandalphon Ihnen helfen, diese Wunden in Ihrer Seele zu heilen. Sandalphon ist der Heiler der Herzen und er kann und will auch Ihr Herz heilen. Egal wie tief dieser Schmerz auch in Ihrer Seele zu sitzen scheint, er kann jede Seelische Wunde heilen und Ihnen zeigen, wofür Sie diese Erfahrung gebraucht haben, wohin Sie diese Verletzungen geführt haben und wie Sie dadurch, dass das Leben Ihnen diese gegeben hat gewachsen sind, so dass Sie lernen den Segen hinter allem, was Sie erleben durften zu erkennen. Wenn er mit Ihnen an alten Wunden arbeitet, kann es geschehen, dass der verdrängte Schmerz der Vergangenheit erst noch einmal in Ihnen hoch kommen wird, dass also die Wunden noch einmal geöffnet werden müssen und der Schmerz in abgeschwächter Form noch ein letztes mal durchlebt wird, aber egal was auch geschehen mag in diesem Prozess, alles was geschieht, passiert für Sie, denn holen Sie sich in Erinnerung, die Engel handeln immer und zu jeder Zeit nur zu unserem höchsten Wohl und Gott und seine Engel wissen immer genau was Sie jetzt gerade brauchen, und dass besser als wir selbst. Es kann zum Beispiel passieren, dass Verletzungen, von denen Sie gar nichts mehr wissen, die Sie vergessen haben, weil Sie diese zum Selbstschutz verdrängt haben, jetzt noch einmal zum Vorschein kommen, dies passiert immer in einer Art und Weise, dass es für Sie gut erträglich ist und in gesunden Portionen. Lassen Sie alles zu, was dann geschieht und Verdrängen Sie bitte dann nicht erneut. Es kann sein dass viele Tränen kommen, lassen Sie diese fließen und unterdrücken Sie sie auf gar keinen Fall, denn über diese Tränen fließt der Schmerz ab und kann sich von Ihnen verabschieden, der gesamte der Vergangenheit, der komplette Schmerz wird mit diesen Tränen von Ihnen abfallen und wahrhaft abfließen, denn ungeweinte Tränen vergiften und enthalten ganz viel toxische Energie also weinen Sie Ihre Tränen.

Wie oft im Leben haben Sie schon gedacht, Sie müssen stark sein und haben nach außen eine Fassade aus absoluten Verhärtungen aufgebaut. Erzengel Sadalphon kann und will Ihnen dabei helfen Ihre verletzliche Seite wieder zulassen zu können, Ihre Sensibilität und Sensitivität wieder leben zu können und genau dadurch endlich wieder wahrhaft Sie selbst zu sein. Machen Sie sich eine sichere Tatsache bewusst, es ist so, dass auf Dauer nur verschlossene und verhärtete Herzen verletzbar sind, vor denen Mauern und Barrieren errichtet werden Erzengel Sandalphon kann Ihnen dabei helfen, sämtliche Mauern, Barrieren, Verhärtungen, die Sie um Ihr Herz errichtet haben aufzulösen. Er kann Ihr Herz öffnen und Ihnen zeigen wie wunderbar es ist mit einem vollkommen offenen Herzen durchs Leben zu gehen. Denn gemäß dem Gesetz der Resonanz ist es so, dass wenn Sie Ihr verschließen automatisch Menschen in ihrem Leben anziehen werden, die versuchen die Mauern um Ihr Herz einzureißen und diese Menschen sind in aller Regel nicht sehr sanft bei dem was sie tun. Wenn Sie im Gegensatz dazu mit einem liebevollen und offenen Herzen durch das Leben gehen, dann ziehen wiederum ziehen Sie offenherzige und absolut liebevolle Menschen in Ihr Leben, die Ihnen gut tun werden.

Chakra: Erzengel Sandalphon ist zuständig für Ihr Wurzelchakra

Farbe: Magenta

Für welche Lebensbereiche ist Erzengel Sandalphon zuständig?

- Erzengel Sandalphon ist der sogenannte Wunscherfüllungsengel, als solcher nimmt er sich all Ihrer Gebete an und trägt diese klar und unverfälscht zu unserem Schöpfer, wo sie sofort gehört und beantwortet werden und hilft Ihnen dadurch bei der Erfüllung all Ihrer Herzenswünsche.

- In Situationen, wo Sie das Gefühl haben Sicherheit, Bodenhaftung und Stabilität verloren zu haben kann Erzengel Sandalphon Ihnen helfen all das zurückzugewinnen.

- Wenn Sie auf der Suche nach der idealen Partnerschaft sind dann kann Erzengel Sandalphon, wenn Sie ihn darum bitten, Ihre Zwillingsseele in Ihr Leben bringen und Sie beide zusammenführen.

- Bei tiefen Verletzungen und Wunden in Ihrer Seele, wo Sie der Heilung bedürfen ist Erzengel Sandalphon der richtige Ansprechpartner, er kann all diese Wunden Heilen und Ihr Herz wieder öffnen.

- Erzengel Sandalphon kann Ihnen helfen, wieder in Kontakt mit Ihrem inneren Kind zu kommen und Ihr inneres Kind heilen, so dass Sie die Welt wieder mit unschuldigen Augen eines Kindes betrachten können und das Leben wieder auf unbefangene Art und Weise leben können.

- Wenn Sie das Gefühl haben nur Menschen um sich herum zu haben, die nicht liebevoll und offen mit Ihnen umgehen, kann Erzengel Sandalphon dafür sorgen, dass Sie wieder liebevolle und offenherzige Menschen in Ihr Leben ziehen.

- Wenn sie nicht Weinen können und/ oder das Gefühl haben, dass viele Tränen in Ihnen sind die raus wollen, dann kann Erzengel Sandalphon Ihnen dabei helfen Ihre ungeweinten Tränen endlich zu weinen, so dass Ihre Seele davon befreit und entlastet wird.

- Wenn Sie mit einer "Fassade" durchs Leben gehen, die aus Verhärtungen, Angst und Frustrationen besteht, dann kann Erzengel Sandalphon Ihnen helfen, Ihre verletzliche, sensible Seite wieder leben zu können. Er kann all diese Verhärtungen auflösen.

Gebete zu Erzengel Sandalphon

Grundsätzlich ist es, wie Sie ja bereits wissen vollkommen egal, wie Sie beten und ein einfaches "Erzengel Sandalphon hilf mir" reicht natürlich vollkommen aus, dennoch möchte ich Ihnen einige Gebete vorstellen, die Ihnen das Beten zu Erzengel Sandalphon erleichtern können.

- Lieber Gott, lieber Erzengel Sandalphon, ich rufe Euch herbei. Ich danke Euch von ganzem Herzen dass Ihr mehr helft immer den Boden unter den Füßen zu behalten. Ich bitte von ganzem Herzen dass ich die Bodenhaftung in meinem Leben immer behalte. Erzengel Sandalphon, ich danke Dir von ganzem Herzen, so ist es. Amen.

- Lieber Gott, lieber Erzengel Sandalphon, ich rufe Euch herbei. Ich danke Euch von ganzem Herzen dass Ihr bei mir seit und mich unterstützt in meiner Selbstliebe. Ich bitte von ganzem Herzen mir meine Zwillingsseelen zu bringen, damit ich,in der für mich idealen Partnerschaft leben kann.Erzengel Sandalphon, ich danke Dir von ganzem Herzen, so ist es. Amen.

- Lieber Gott, lieber Erzengel Sandalphon, ich rufe Euch herbei. Ich danke Euch von ganzem Herzen, dass ich in Kontakt mit meinem inneren Kind bin. Ich bitte darum, dass ich die Welt wieder mit den unschuldigen Augen eines Kindes betrachten kann. Erzengel Sandalphon, ich danke Dir von ganzem Herzen, so ist es. Amen.

Affirmationen zu den Energien von Erzengel Sandalphon:

- Ich bin stets gut geerdet und habe immer Boden unter meinen Füßen.

- Ich bin in einer glücklichen Partnerschaft mit meiner Zwillingsseele angekommen.

- Ich bin in Kontakt mit meinem inneren Kind und sehe die Welt mit den Augen eines Kindes.

- Ich bin im hier und jetzt, die wunden der Vergangenheit haben mich wachsen lassen.

- Ich habe liebevolle Freunde und Bekannte mit einem offenen Herzen.

- Ich kann alle Tränen weinen, die geweint werden müssen.

- Ich ehre und liebe meine Sensitivität und meine Sensibilität

Erzengel Michael

Ich denke fast jeder von Ihnen, wird seinen Namen schon mal gehört haben.

Michael ist der Krieger unter Erzengeln, dies erkennen Sie sehr gut an seinem flammenden Schwert, mit dem er auf Bildern dargestellt wird. Er ist wie gesagt ein Krieger, allerdings führt er seine Kämpfe immer im Sinne des göttlichen Gesetzes. Er kämpft mit Licht und Liebe.

Er zählt zu mächtigsten unter den Erzengel und wird von vielen Menschen häufig fälschlicherweise an der Spitze der Gruppe der Erzengel gesehen, was Sie ja jetzt bereits besser wissen, denn an der Spitze steht natürlich der mächtige Seraphim Erzengel Metatron.

Wenn Sie sich in einer Gefahrensituation befinden und Hilfe brauchen, ist es absolut richtig ihn anzurufen und um seine Hilfe zu bitten, denn er ist der Erretter aus Gefahren. Laut biblischer Überlieferung hat er Daniel aus der Löwengrube befreit. Bei seiner Kreuzigung sprach Jesus Christus über Erzengel Michael und die Größe seiner Macht. Jesus sagte, dass wenn er darum bitten würde, Michael sofort komme mit seinen Heerscharen von Kriegerengeln, um ihn vom Kreuz zu befreien. Dies zeigt die große Macht des Erzengels Michael eindeutig und eindrucksvoll. Unter Erzengel Michael stehen zahllose Kriegerengel, die uns und das Himmelreich behüten und beschützen vor dem Schatten und dafür sorgen, dass nur Energien von Licht und Liebe ins Himmelreich gelangen können. Erzengel Michael ist der Engel, der in der Offenbarung, als Bezwinger des Tieres benannt wird, also er wird den letzten Kampf gegen den Teufel kämpfen und ihn niederstrecken.

Erzengel Michael ist der Engel der einst Erzengel Luzifer aus dem Himmel in die Hölle hinab stürzte. Er strahlt eine gewaltige Macht und stärke aus. Wenn Erzengel Michael Ihnen erscheint oder Sie seine Gegenwart fühlen, werden Sie sofort ein Gefühl allertiefsten Respektes und der Demut in sich tragen vor deiner unendlichen göttlichen Macht aus Licht und Liebe. Erzengel Michael bekämpft alle negativen und toxischen Energien mit seinem flammenden Schwert, welches aus reiner göttlichen Energie gemacht ist. Wie alle Engel empfindet natürlich auch Erzengel Michael eine unendliche und bedingungslose Liebe für uns Menschen. Wenn Sie also Erzengel Michael um seine Hilfe bitten, wird er auf der Stelle an Ihre Seite eilen, um Ihnen zu helfen. Es ist natürlich auch hier wieder wichtig, dass Sie ihn bitten, denn Sie haben ja bereits gelernt, dass Engel nur dann helfen dürfen, wenn Sie es ihnen durch Ihre bitte erlauben und so wird Erzengel Michael niemals gegen Ihren freien Willen handeln.

Wenn Sie etwas gegen die Schattenanteile Ihrer Seele tun möchten und sich voll und ganz auf das Licht konzentrieren möchten, es allerdings zur Zeit aus verschiedenen Gründen nicht schaffen, sondern in einer pessimistischen von Angst beherrschten Realität leben, kann Erzengel Michael Ihnen helfen, wenn Sie ihn darum bitten und sich auf seine Energie konzentrieren, das Gute in Ihnen zu stärken und den Schatten aus Ihrer Seele zu vertreiben. Erzengel Michael kann Ihnen helfen alle Ihre schlechten Angewohnheiten abzulegen und er kann Sie vor schädlichen, die aus Ihren eigenen Gedanken kommen, schützen. Erzengel Michael, kann wenn Sie dazu bereit sind und dies wirklich wollen, alle Ihre negativen Gedankenmuster auflösen und in neue positive Glaubenssätze verwandeln. Michael kann das innere Licht Ihrer Seele stärken und zum Strahlen bringen, in dem er Ihren Körper, Ihren Geist und ihre Seele von allen schädlichen oder toxischen, auf Angst basierenden Energien befreit.

Wenn Sie sich hier und jetzt entscheiden, Ihren Lebensweg, gemeinsam mit Erzengel Michael zu gehen, wird er Sie auf den Pfad des göttlichen Gesetzes von Licht und Liebe führen, natürlich lässt er Ihnen die Entscheidung immer frei, ob Sie diesen Weg, der für alle Menschen natürlich das beste ist was passieren kann, gehen wollen oder ob Sie diesen Weg verlassen wollen, aber wenn Sie arbeiten wird er stets um Sie bemüht sein und Sie mit seiner temperamentvollen Art immer wieder versuchen auf- und wachzurütteln, um Sie so wieder auf den Weg unseres Schöpfers zurückzuholen.

Wenn Sie negative oder dunkle Fremdenergien von Dämonen oder anderen negativen Wesenheiten in Ihrer nähe wahrnehmen, ist das beste was Sie tun können, Erzengel Michael sofort anzurufen und ihn um seine Hilfe zu bitten, wenn Sie getan haben, wird Erzengel Michael sofort und ohne jede Verzögerung an Ihrer Seite sein und alle negativen, toxischen

Energien oder Wesenheiten, die nicht von göttlicher Liebe sind, mit seinem flammenden Schwert aus Ihrem Umfeld vertreiben. Ebenso kann der mächtige Erzengel Michael negativer Gedanken, welche Ihnen evtl. von anderen Menschen geschickt werden und die bei Ihnen ankommen von Ihnen und aus Ihrem Umfeld mit seinem flammenden Schwert entfernen. Wenn Sie das Gefühl haben, dass ein anderer Mensch aus der Ferne bei Ihnen angedockt hat durch intensive Gedanken an Sie und dadurch Ihre Energie verloren geht, bzw. Sie die Ängste der anderen Person spüren, dann ergibt es absolut Sinn Erzengel Michael sofort zu bitten, alle Schnüre, Schläuche und Ketten, die durch diese Person gerade an Ihnen anhaften, und auch die evtl. von Ihnen zu diesem Menschen gehen, denn auch das kann sein, mit seinem flammenden Schwert zu durchschneiden, dies wird er dann unendlich gerne für Sie tun. Sie haben nichts dabei zu befürchten denn die Bänder der Liebe werden niemals getrennt.

Sie können natürlich auch vorbeugend handeln, denn Erzengel Michael wird Sie, wenn Sie dies wünschen immer und zu jeder Zeit behüten und beschützen vor allem negativen und vor jeder toxischen Energie. Wenn Sie also befürchten, dass negative Energien auf Sie zukommen könnten, Ihnen jemand schlechtes wünschen könnte oder Sie einfach grundsätzlich Angst davor haben, können Sie Erzengel Michael ganz einfach um seinen Schutz bitten, den er Ihnen unendlich gerne und sofort gewähren wird, natürlich auch sehr gerne Ihr ganzes Leben lang.

Sollten Sie grundsätzlich ein Mensch sein der voller Ängste ist und Ihre Ängste vielleicht sogar so stark sind, dass Sie Ihr Leben beeinträchtigen und Sie sich dadurch im Leben behindert fühlen, dann wird Ihnen Erzengel, Michael, wenn Sie ihn darum bitten, Mut, Kraft und innere Stärke zurückgeben, damit Sie endlich wieder glücklich und Angstfrei durchs Leben gehen können.

Chakra: Erzengel Michael ist zuständig für Ihr Kehlchakra

Farbe: Königsblau, purpur

Für welche Lebensbereiche ist Erzengel Michael zuständig?

- Wenn Sie sich immer wieder in Opferrollen befinden oder sich als Opfer äußerer Umstände oder anderer Menschen fühlen, kann Erzengel Michael ihnen helfen sich aus der Opferrolle zu befreien und zu erkennen, dass Sie allein verantwortlich für Ihr Leben sind.

- Wenn Sie sich sehr kraftlos und down fühlen, kann Erzengel Michael Ihre eigenen Energiereserven wieder auffüllen und Ihnen dadurch zu Schwung und Vitalität verhelfen.

- Bei starken Selbstzweifeln an Ihrer eigenen Person oder sogar Selbstverurteilungen, kann Erzengel Michael Ihnen neues Selbstbewusstsein und ein starkes und stabiles Selbstwertgefühl schenken, damit Sie endlich wieder mit erhobenem Haupt durch Leben schreiten können.

- Erzengel Michael kann zu einem guten und gesunden Schlaf beitragen, wenn Sie häufig unter Alpträumen leiden kann Michael diese für Sie vertreiben, und nur gute und schöne Träume zu Ihnen durchkommen lassen.

- Wenn Sie das Gefühl oder den Gedanken haben, das negative Energien in Ihr Leben kommen könnten, kann Erzengel Michael Sie schützen, in dem er dafür sorgt, dass nur reine göttliche Energien von Licht und Liebe zu

Ihnen gelangen können.

- Erzengel Michael kann Ihnen helfen, wenn Sie dass Gefühl haben Sie wissen nicht wohin mit sich selbst, Ihre tiefe innere Wahrheit zu finden, diese voll und ganz in Ihr Leben zu integrieren und dadurch sich selbst endlich wieder genießen zu können.

- Wenn Sie negative Energien oder Wesenheiten um sich herum haben, kann Erzengel Michael Sie von aller Negativität und sämtlichen toxischen Energien befreien.

Gebete zu Erzengel Michael

Grundsätzlich ist es, wie Sie ja bereits wissen vollkommen egal, wie Sie beten und ein einfaches "Erzengel Michael bitte hilf mir" reicht natürlich vollkommen aus, dennoch möchte ich Ihnen einige Gebete vorstellen, die Ihnen das Beten zu Erzengel Michael erleichtern können.

- Lieber Gott, lieber Erzengel Michael, ich rufe Euch herbei. Ich danke Euch von ganzem Herzen, dass Ihr mir helft in meine Kraft und stärke zu kommen. Geliebter Erzengel Michael, bitte hilf mir zu erkennen, dass ich allein für mein Leben verantwortlich, damit ich mich aus jeder Opferrolle befreien kann. Erzengel Michael, ich danke Dir von ganzem Herzen, so ist es. Amen.

- Lieber Gott, lieber Erzengel Michael, ich rufe Euch herbei. Ich danke Euch von ganzem Herzen, dafür dass Ihr mir mit Eurer Energie täglich zur Seite steht. Geliebter Erzengel Michael ich bitte Dich von ganzem Herzen hilf mir wieder in meine Kraft und stärke zu kommen und lade meine Energiereserven wieder auf. Erzengel Michael, ich danke Dir von ganzem Herzen, so ist es. Amen.

- Lieber Gott, lieber Erzengel Michael, ich rufe Euch herbei. Ich danke Euch von ganzem Herzen, dafür dass ich von Gott perfekt geschaffen wurde. Geliebter Erzengel Michael, ich bitte Dich von ganzem Herzen, hilf mir dabei meinen wahren Wert wieder zu erkennen, und alle Zweifel gegenüber meiner eigenen Person abzulegen. Erzengel Michael, ich danke Dir von ganzem Herzen, so ist es. Amen.

- Lieber Gott, lieber Erzengel Michael, ich rufe Euch herbei. Ich danke Euch von ganzem Herzen, dafür dass Ihr jede Nacht bei mir seit und über mich wacht. Geliebter Erzengel Michael bitte vertreibe alle Alpträume, die Nachts zu mir kommen wollen und lass schöne und angenehme Träume zu mir kommen, damit ich micht im Schlaf vollkommen erhole.Erzengel Michael, ich danke Dir von ganzem Herzen, so ist es. Amen.

- Lieber Gott, lieber Erzengel Michael, ich rufe Euch herbei. Ich danke Euch von ganzem Herzen, dass Ihr mit Eurer Liebe und Eurem Licht immer an meiner Seite wacht. Geliebter Erzengel Michael, ich bitte Dich von ganzem Herzen schützt mich vor jeder negativen Energie, so dass nur Energien von Licht und Liebe zu mir kommen können. Erzengel Michael, ich danke Dir von ganzem Herzen, so ist es. Amen.

Affirmationen zu den Energien von Erzengel Michael:

- Ich bin zu hundert prozent verantwortlich für alles was in meinem Leben geschieht.

- Ich bin Mutig, Kraftvoll und gehe selbstbewusst voran.

- Ich bin Selbstbewusst und Stark und bin der wichtigste Mensch in meinem Leben.

- Meine Träume sind immer positiv und beflügelnd, ich schlafe gut.

- Zu mir kommen nur Energien aus der höchsten Quelle, Energien von Licht und Liebe.

- Ich bin ganz in meiner Wahrheit und bringe meine Wahrheit liebevoll und mutig zum Ausdruck.

Erzengel Gabriel

Erzengel Gabriels Name werden wohl die meisten von Ihnen schon mal gehört haben, denn er zählt zu den bekanntesten unter den Erzengeln. Erzengel Gabriels Name bedeutet "die Macht Gottes. Er ist der Engel der Verkündung, der Geburt und der Hoffnung.
Nach der biblischen Überlieferung ist er der Engel, der Maria erschienen ist und Ihr die Empfängnis Ihres Sohnes durch den Heiligen Geist ankündigte und Ihr mitteilte, dass sie den Sohn Gottes gebären soll. Als Jesus geboren wurde erschien Erzengel Gabriel den Hirten, denen er verkündete, dass der Heiland, der Sohn Gottes auf die Welt gekommen war.
Erzengel Gabriel hat die Aufgabe, die noch nicht geborenen Seelen auf Ihren Weg bis zu Empfängnis zu begleiten. Nach der Geburt ist Erzengel Gabriel der Behüter und Beschützer der Kinder, er hilft Ihnen bereits durch den Prozess der Geburt. Sobald ein Baby geboren ist legt Erzengel Gabriel in all seiner Sanftheit seinen Daumen in die noch offene Fontanelle des Säuglings und führt dadurch das Vergessen herbei. Durch diesen Vorgang vergisst der neue Mensch alles was vor diesem Leben war, also was in der letzten Inkarnation stattgefunden hat und was sich in geistigen Welt abspielte. Dies ist unendlich wichtig, damit das neue Menschenkind unbeschwert und frei von allen alten Belastungen in sein neues Erdenleben startet und unbefangen diese Welt neu entdecken kann.
Im spirituellen Bereich steht Erzengel Gabriel für die Reinheit des Geistes und kann Ihnen helfen sich vollkommen mit dem göttlichen Funken, der in jedem von uns wohnt zu verbinden, denn Gott ist in jedem Menschen, er schließlich den Menschen nach seinem Bilde geschaffen. Er kann Ihnen helfen

wahrhaftige, klare und authentische göttliche Botschaften aus Licht und Liebe aus der geistigen Welt, direkt von unserem Schöpfer zu empfangen und diese wunderbaren Botschaften an andere Menschen weiterzugeben.

Wenn Sie das Gefühl haben, in einer Situation gefangen zu sein, sie keine Hoffnung mehr sehen und keinen Ausweg erkennen, kann Erzengel Gabriel Ihnen zeigen wo die Lösung für diese Situation ist und Ihnen die Kraft geben den Ausweg zu erkennen und aus dieser Situation Ihre Lektion zu lernen und den Ausweg zu finden.

Sollten Sie mal in einer Situation sein, wo Sie Probleme damit haben, jemanden die Wahrheit zu sagen, weil Sie vielleicht Angst haben, die andere Person durch die Wahrheit zu verletzten, kann Erzengel Gabriel Ihnen helfen klar und deutlich und dennoch auf absolut liebevolle Art und Weise und zum höchsten Wohle aller beteiligten Personen zum Ausdruck zu bringen.

Erzengel Gabriel bringt Gottes Wort zu den Menschen. Er kann Ihnen helfen die wahren göttlichen Botschaften zu empfangen und dadurch Ihren göttlichen Lebensweg zu erkennen und zu verstehen, mit Erzengel Gabriels Hilfe kann es Ihnen gelingen Gottes Wege voll und ganz in Ihr Leben aufzunehmen, ihr göttliches Licht zu entfachen und im Namen Gottes in Licht und Liebe zu handeln.

Sie, wie jeder andere Mensch auf dieser wunderbaren Erde haben unzählige Begabungen, Potenziale und Talente Erzengel Gabriel kann Ihnen zeigen, wo genau Ihre Potenziale liegen und wie Sie diese in Ihr Leben integrieren. Er kann Ihnen zeigen, was Sie mit diesen wunderbaren von Gott gegebenen Talenten in der Welt bewirken und leisten können und wie Sie Ihr volles spirituelles Potenzial voll und ganz in sich entdecken und entfalten können. Denn genau Sie, wie jeder andere Mensch sind unendlich wichtig und in dem Sie dies anerkennen und entscheiden mit Erzengel Gabriel zu arbeiten, werden Sie erkennen, welchen Beitrag Sie leisten können, zur Heilung der Menschheit und unseres ganzen Planeten. Sie können helfen göttliches Bewusstsein in die Herzen der Menschen zu bringen, das mag jetzt wahnsinnig kompliziert sein, aber ganz im Gegenteil, es ist absolut leicht und einfach, Sie müssen sich nur mit Erzengel Gabriel verbinden und Gottes unendliche Liebe in Ihrem Leben.

Erzengel Gabriel möchte alle Herzen, also natürlich auch Ihr Herz, erleuchten und uns alle auf dem Weg zur göttlichen Wahrheit begleiten. Er möchte dass wir alle diese wunderbare Wahrheit von Gottes Liebe erleben können und dies können sie sehr einfach, indem Sie sich Ihrem Spirit und dadurch Gott in Ihnen voll und ganz öffnen und Ihre Erfahrungen, die Sie auf dem Weg machen, mit möglichst vielen Menschen teilen und Ihnen zeigen, wie herrlich der Weg unseres allmächtigen Schöpfers ist und wie gut es einem jeden tut diesen wunderbaren Weg zu gehen und wie schön es für Sie persönlich war Ihr Herz für Gott zu öffnen. Lassen Sie natürlich jedem Menschen frei, ob er dies möchte, verzweifeln bitte nicht, wenn Sie den ein oder anderen Menschen nicht erreichen können mit diesen wundervollen Wahrheiten, denn Sie wissen ja Gott und die Engel Richten und Urteilen niemals und wir sollten dies natürlich auch nicht tun.

Viele Menschen haben noch das Bild eines strafenden und harten Gottes in sich, wie es leider fälschlicherweise über viele Jahrhunderte gelehrt wurde, Eltern haben Ihren Kindern mit Sätzen gedroht wie: "Wenn Du nicht artig bist, dann kommst Du in die Hölle." Leider wurde damit vielen Menschen Angst vor unserem wundervollen Schöpfer gemacht und diese Angst sitzt bis heute vielfach bewusst unbewusst in den Köpfen der Menschen. Erzengel Gabriel will uns zeigen, dass dieses Bild vollkommen falsch ist, dass unser Schöpfer uns unendlich liebt, uns alles vergibt und niemals über uns urteilt oder richtet, also uns niemals bestraft, sondern in bedingungsloser Liebe immer und zu jeder Zeit an unserer Seite ist.

Chakra: Erzengel Gabriel ist zuständig für Ihr Nabelchakra
Farbe: weißgold

Für welche Lebensbereiche ist Erzengel Gabriel zuständig?

- Wenn Sie auf der Suche nach Ihren Lebenszielen sind, kann Ihnen Erzengel Gabriel dabei helfen diese klar zu erkennen.

- In Situationen, wo Sie sich nicht klar sind, was Sie eigentlich möchten, kann Erzengel Gabriel Sie dabei unterstützen, sich wieder bewusst zu werden, was Sie sich im Leben wirklich von Herzen wünschen und Sie lehren Ihre Wünsche klar und deutlich zu formulieren.

- Sollten Sie an einer Weggabelung stehen und nicht genau wissen, ob es richtig ist sich für den rechten oder linken Weg zu entscheiden, kann Ihnen Erzengel Gabriel zeigen welcher Weg für Sie der bessere und somit der richtige ist.

- Wenn Sie den Eindruck gewonnen haben, dass im Moment alles hoffnungslos scheint oder Sie sich in einer lähmenden Depression befinden, kann Erzengel Gabriel Ihnen helfen wieder Licht am Horizont zu sehen und Sie aus diesem Zustand befreien.

- Erzengel Gabriel kann Ihnen helfen, wenn Sie aktuell in einer sehr destruktiven Lebensphase sind aus dieser wieder ganz heraus zu finden.

- Erzengel Gabriel kann Ihnen helfen Ihr inneres Kind zu

heilen.
- In Situationen, wo Sie zwar merken, dass Sie ganz viele Visionen und innere Bilder haben, diese aber aus verschiedenen Gründen nicht klar verstehen können, kann Ihnen Erzengel Gabriel dabei helfen Ihre Träume und Visionen wieder zu verstehen.

- Sollten Sie sich gerade innerlich sehr unsicher fühlen, kann Ihnen Erzengel Gabriel helfen, dass innere Gefühl von Sicherheit zurückzugewinnen.

- Wenn Sie aktuell Schwierigkeiten zu handeln oder notwendige Entscheidungen zu treffen, kann Ihnen Erzengel Gabriel bei der Entscheidungsfindung helfen und Ihnen Ihren Tatendrang zurückgeben.

Gebete zu Erzengel Gabriel

Grundsätzlich ist es, wie Sie ja bereits wissen vollkommen egal, wie Sie beten und ein einfaches "Erzengel Gabriel bitte hilf mir" reicht natürlich vollkommen aus, dennoch möchte ich Ihnen einige Gebete vorstellen, die Ihnen das Beten zu Erzengel Gabriel erleichtern können.

- Lieber Gott, lieber Erzengel Gabriel, ich rufe Euch herbei. Ich danke Euch von ganzem Herzen, ich danke Euch von ganzem Herzen für all die wunderbaren Aufgaben, die ich in dieses Leben mitbekommen habe. Geliebter Erzengel Gabriel ich bitte Dich von ganzem Herzen, hilf mir meine Lebensziele wieder klar erkennen zu können. Erzengel Gabriel, ich danke Dir von ganzem Herzen, so ist es. Amen.

- Lieber Gott, lieber Erzengel Gabriel, ich rufe Euch herbei. Ich danke Euch von ganzem Herzen, ich danke Euch von ganzem Herzen, dass Ihr meinem Leben einen Sinn schenkt. Geliebter Erzengel Gabriel ich bitte Dich von ganzem Herzen hilf mir wieder Ziele in meinem Leben zu entwickeln und diese zu verfolgen. Erzengel Gabriel, ich danke Dir von ganzem Herzen, so ist es. Amen.

- Lieber Gott, lieber Erzengel Gabriel, ich rufe Euch herbei. Ich danke Euch von ganzem Herzen, dafür dass Ihr mir jeden Wunsch von den Augen ablest. Geliebter

Erzengel Gabriel ich bitte Dich von ganzem Herzen hilf mir über meine wirklichen Herzenswünsche bewusst zu werden. Erzengel Gabriel, ich danke Dir von ganzem Herzen, so ist es. Amen.

- Lieber Gott, lieber Erzengel Gabriel, ich rufe Euch herbei. Ich danke Euch von ganzem Herzen, dass Ihr mich auf jedem Weg begleitet. Geliebter Erzengel Gabriel ich bitte Dich von ganzem Herzen hilf mir mich immer für den richtigen Weg, der zu meinem höchsten Wohl gereicht zu entscheiden. Erzengel Gabriel, ich danke Dir von ganzem Herzen, so ist es. Amen.

- Lieber Gott, lieber Erzengel Gabriel, ich rufe Euch herbei. Ich danke Euch von ganzem Herzen, dafür dass Ihr täglich meinen Lebensmut stärkt. Geliebter Erzengel Gabriel ich bitte Dich von ganzem Herzen hilf mir, mich aus meiner Depression und Antriebslosigkeit zu befreien. Erzengel Gabriel, ich danke Dir von ganzem Herzen, so ist es. Amen.

- Lieber Gott, lieber Erzengel Gabriel, ich rufe Euch herbei. Ich danke Euch von ganzem Herzen für meine Intelligenz. Geliebter Erzengel Gabriel ich bitte Dich von ganzem Herzen hilf mir dabei mein neu erworbenes Wissen zu festigen.Erzengel Gabriel, ich danke Dir von ganzem Herzen, so ist es. Ame.

Affirmationen zu den Energien von Erzengel Gabriel:

- Ich sehe und erkenne die Ziele meines Lebens klar und deutlich.

- Ich weiß ganz genau, was mein Herz sich wirklich wünscht.

- Ich bin gut gelaunt und lebensfroh.

- Ich bin immer konstruktiv in meinem Leben.

- Ich bin stets optimistisch, weil ich alle meine Ziele erreiche.

- Ich verstehe meine inneren Bilder und Visionen und setze diese in die Tat um.

- Ich bin Selbstsicher und voller Entscheidungskraft und Tatendrang.

- Ich habe eine leichte, einfache und positiv verlaufende Schwangerschaft.

Erzengel Raphael

Jetzt möchte ich Ihnen vom großen Heiler unter den Engeln berichten. Erzengel Raphaels Name bedeutet "Heiler Gottes" oder "Gott heilt. Er ist, wie sein Name schon vermuten lässt der Engel der Heilung. Er kann Ihren Genesungsprozess unterstützen, wenn Sie krank sind, mit seiner Hilfe lässt sich alle heilen. Wenn Sie irgendwo schon mal von einer sogenannten Wunderheilung hörten, war es immer Erzengel Raphael, der diese Heilung herbeigeführt hat.
Erzengel Raphael unterstützt außerdem alle Menschen, die in heilenden Berufen tätig sind: Ärzte, Heilpraktiker Kranken- und Altenpfleger/innen, Heiler usw. In jedem Krankenhaus oder anderem Gebäude, wo es darum geht Kranke zu heilen, werden Sie immer auch Erzengel Raphaels Energie wahrnehmen können und seien Anwesenheit spüren können, denn sein Hauptanliegen ist die Kranken gesund zu machen und sie von leid zu befreien.
Raphaels Heilungen wirken auf allen Ebenen, also auf Körper, Geist und Seele, er heilt natürlich auch von Krankheit, aber es dreht sich bei seiner Art der Heilung nicht um eine Behandlung nur der akuten Symptome, sondern er will dafür sorgen, dass Sie wahrhaft "Heil werden" im ganzen. Das heißt, er bringt Körper Geist und Seele wieder in Einklang, lässt Sie die energetische Ursache für Ihr leiden erkennen und beseitigt diese, so dass die Heilung auch in der tiefe der Seele Wirkung zeigt und sorgt dafür dass all Ihre Körper wieder im Einklang

miteinander und in Resonanz mit der göttlichen Quelle schwingen.

Manchmal ist es auch notwendig, dass wir Menschen eine Krankheit ein leiden komplett durchleben sollen, denn Krankheit dient unserem Körper auch als ein wertvolles Kommunikationsinstrument. Über den Weg der Krankheit, kann Ihr Körper mitteilen, dass Sie sich in bestimmten Bereichen ihres Lebens aktuell nicht wertschätzend, sondern schlecht behandeln oder behandeln lassen. Wenn Sie nun Erzengel Raphael rufen und um Heilung bitten wird er als erstes dafür sorgen, dass Sie die wahren und tiefsitzenden Ursachen für Ihr leiden erkennen, dies ist natürlich unendlich wichtig, damit Sie nicht nur kurzfristig sie Symptome Ihres Körpers beseitigen und sondern wahrhaftig auf allen Ebenen Ihres Seins echte Heilung erfahren. Sogar die moderne Wissenschaft sagt dass siebenundneunzig Prozent aller gesundheitlichen Defizite auf der Seelischen und nur drei Prozent auf der Körperlichen Ebene entstehen Erzengel Raphael aber sagt zu mir, dass dies nur fast richtig ist, denn er sagt: "Ihr Menschen kreiert Eure Realität und seit zu hundert Prozent für alle Eure Erfahrungen selbst verantwortlich!" Diese Erkenntnis ist wunderbar, denn durch dieses Erkennen, können wir uns mit Hilfe der Engel und Erzengel eine neue und nur noch positive Realität erschaffen. Aus dem gesagten geht natürlich hervor, dass zu jedem Heilungsprozess dazu gehört, dass Sie sehen und erkennen, was Ihnen Ihr Körper in Bezug auf Ihr Seelenleben mitteilen möchte, damit es verändert werden kann. Glücklicherweise kann dies alles sehr leicht und einfach gehen, wenn Sie es nur möchten und mit Ihrem freien entscheiden mit Erzengel Raphael zusammen zu arbeiten. Dies tun Sie indem Sie ihn um seine Hilfe bitten und ihn damit erlauben, Ihnen vollkommene Gesundheit, Vitalität und Wohlbefinden auf allen Ebenen von Körper, Geist und Seele zu schenken und Ihnen Ihre individuelle Ursache für Ihr leid zeigen zu dürfen.

Zum Zwecke Ihrer Heilung wird Erzengel Raphael Sie auf einen Weg der Selbstliebe, Selbstbejahung und in einen vollkommenen inneren Frieden führen. Er wird Ihnen Ruhe und Ausgeglichenheit schenken und wieder Humor in Ihr Leben bringen, denn denken Sie mal an die bekannte Redewendung: "Lachen ist die beste Medizin."

Erzengel Raphael ist außerdem als der Engel, der Reisende bekannt. Wenn Sie also auf eine Reise gehen sollten Sie ihn immer und unbedingt darum bitten, dass er Sie auf Ihrer Reise begleitet und beschützt. Er kann Sie dahingehend unterstützen, dass Ihre Reise den größtmöglichen Wohlfühl- und Erholungsfaktor erreichen wird. Also dass Sie auf allen Ebenen auf Ihrer Reise genau dass bekommen, was Sie im Augenblick Ihrer Reise brauchen, dass einzige was Sie dazu tun müssen, ist Erzengel Raphael zu bitten, dass er ihnen begleitend und helfend auf Ihrer Reise zur Seite steht und dann auf Ihre innere Stimme hören, die Ihnen genau sagt, wann es richtig ist sich nur zu erholen und wann Sie Aktivitäten, wie zum Beispiel Sport benötigen und wenn Sie das beachten hat auch Ihre Reise eine heilende Wirkung für Sie.

Erzengel Raphael ist außerdem zuständig für den Finanziellen Bereich. Er kann Ihnen helfen zu Reichtum und Wohlstand in Ihrem Leben zu gelangen und Ihnen zeigen dass dies die Dinge sind, die zu Ihrem Geburtsrecht gehören. Selbstverständlich wird Erzengel Raphael kein Geld vom Himmel regnen lassen, auch wenn er es könnte, denn wir haben ja bereits gelernt, dass Engel grenzenlose Wesen sind. Aber wir sind schließlich auf der Erde zum Lernen und wachsen und nicht dafür alles ohne unser Zutun zu bekommen. Aber Erzengel Raphael wird wenn Sie ihn darum bitten, Sie führen und anleiten, welcher Weg für Sie individuell richtig ist, um zu Ihrem Geburtsrecht von Reichtum und Wohlstand zu gelangen.

Chakra: Erzengel Raphael ist zuständig für Ihr drittes Auge (Stirnchakra)

Farbe: Smaragdgrün

Für welche Lebensbereiche ist Erzengel Raphael zuständig?

- Wenn sie gerade das Gefühl haben, dass alles Hoffnungslos erscheint, kann Erzengel Raphael ihnen helfen wieder Mut und Hoffnung in Ihrem Leben zu finden und dauerhaft zu behalten.

- Erzengel Raphael, kann Ihnen helfen Körper, Geist und Seele in Einklang zu bringen und somit wieder ganz zu werden und auf allen ebenen spirituelle Heilung zu erfahren und zu erleben.

- Wenn Sie gerade unter einer akuten oder chronischen Krankheit leiden, kann Erzengel Raphael Ihnen helfen die Heilung all Ihrer Körper zu fördern und Sie wieder zu vollkommener Gesundheit führen.

- Sollten Sie noch krankmachende Glaubens- und Verhaltensmuster in sich tragen, welche Sie in Ihrem Leben behindern, kann Erzengel Raphael Ihnen bei der Auflösung dieser Muster helfen.

- Erzengel Raphael kann dafür sorgen, dass sich all Ihre Zellen vollkommen regenerieren und er kann auf der Zellebene eine Verjüngung für Sie herbeiführen, so dass Sie sich vollkommen wohl fühlen.

- Wenn Sie in die Hormonumstellung der Wechseljahre hinein kommen, kann Erzengel Raphael Ihnen helfen diese Zeit um ein Vielfaches zu erleichtern und ohne unangenehme Nebenerscheinungen die Wechseljahre gut zu überstehen.

- Wenn Sie in einem Heilberuf, wie Arzt, Apotheker; Krankenschwester, Heilpraktiker, Heiler usw. tätig sind oder einen solchen ausüben möchten bei Ihrer Arbeit, um immer den größtmöglichen Heilerfolg bei Ihren Klienten und Patienten zu erzielen.

- Erzengel Raphael kann Ihnen eine unendliche und ganz wertvolle Unterstützung sein, wenn es darum geht, sterbende Menschen oder Tiere zu begleiten.

- Wenn bei Ihnen ein Krankenhausaufenthalt oder ein Aufenthalt in einer Kur oder Rehaklinik ansteht kann Erzengel Raphael Ihnen helfen den größtmöglichen Erfolg zu erzielen.

- Erzengel Raphael kann Ihnen bei der Zusammenarbeit mit allen anderen Lichtwesen unterstützend zur Seite stehen.

- Erzengel kann Sie zu innerem und äußerem Wohlstand und Reichtum führen.

Gebete zu Erzengel Raphael

Grundsätzlich ist es, wie Sie ja bereits wissen vollkommen egal, wie Sie beten und ein einfaches "Erzengel Raphael hilf mir" reicht natürlich vollkommen aus, dennoch möchte ich Ihnen einige Gebete vorstellen, die Ihnen das Beten zu Erzengel Raphael erleichtern können.

- Lieber Gott, lieber Erzengel Raphael, ich rufe Euch herbei. Ich danke Euch von ganzem Herzen, dass ihr bei mir seit und ich auf Eure Hilfe vertrauen darf. Geliebter Erzengel Raphael ich bitte Dich von ganzem Herzen hilf mir wieder Mut und Hoffnung in meinem Leben zu finden. Erzengel Raphael, ich danke Dir von ganzem Herzen, so ist es. Amen.

- Lieber Gott, lieber Erzengel Raphael, ich rufe Euch herbei. Ich danke Euch von ganzem Herzen, dass Ihr meinen wunderbaren Körper in allem unterstützt. Geliebter Erzengel Raphael bitte hilf mir die Bedürfnisse meines Körpers zu würdigen und zu erfüllen. Erzengel Raphael, ich danke Dir von ganzem Herzen, so ist es. Amen.

- Lieber Gott, lieber Erzengel Raphael, ich rufe Euch herbei. Ich danke Euch von ganzem Herzen, ich danke Euch für die Vielfalt an gesunden Dingen auf unserem Planeten. Geliebter Erzengel Raphael ich bitte Dich von ganzem Herzen, dass Du mein ungesundes Verlangen in gesunde Bahnen lenkst, damit ich nur Lebensmittel und Getränke zu mir nehme, die meine Gesundheit fördern und meine Lebenskraft stärken. Raphael, ich danke Dir von ganzem Herzen, so ist es. Amen.

- Lieber Gott, lieber Erzengel Raphael, ich rufe Euch herbei. Ich danke Euch von ganzem Herzen, für all die wunderbaren Gelegenheiten, die Ihr mir in meinem Leben schenkt. Geliebter Erzengel Raphael ich bitte Dich von ganzem Herzen hilf mir für alles dankbar zu sein, was mich glücklich macht. Raphael, ich danke Dir von ganzem Herzen, so ist es. Amen.

- Lieber Gott, lieber Erzengel Raphael, ich rufe Euch herbei. Ich danke Euch von ganzem Herzen, für alles was mich gesund macht. Geliebter Erzengel Raphael bitte unterstütze mich bei meiner Genesung und führe mich zu vollkommener körperlicher, seelischer und geistige Gesundheit. Raphael, ich danke Dir von ganzem Herzen, so ist es. Amen.

Affirmationen zu den Energien von Erzengel Raphael:

- Ich bin in Kontakt mit der göttlichen Quelle und kann gefahrlos sehen.

- Ich bin voller Mut Hoffnung und Zuversicht.

- Körper, Geist und Seele schwingen bei mir absolut in Einklang

- Ich bin vollkommen gesund, fit und voller Vitalität.

- Meine Zellen sind jung und absolut Gesund

- Ich habe Reichtum und Wohlstand verdient und habe es bereits in meinem Leben.

- Mein drittes Auge ist vollkommen geöffnet.

Erzengel Uriel

Nun kommen wir zu dem mächtigen Engel, der über die Friedensengel befiehlt und versucht den Frieden in der Welt wieder herzustellen.
Erzengel Uriels Name bedeutet "Feuer Gottes". Er gilt seit alters her, als der Engel der Offenbarung und der Prophezeiung Erzengel Uriel hat einst dem heiligen Johannes die Offenbarung diktiert, in der ausführlich prophezeit wurde, was auf die Menschheit zukommen wird, wenn Sie nicht ins umdenken und ins göttliche Bewusstsein kommt. Wenn Sie sich mit Erzengel Uriels Energie verbinden, kann er Ihnen die Geheimnisse der göttlichen Quelle offenbaren, Ihnen diese näher bringen und er wird Ihnen helfen jegliche Pläne des göttlichen Rates vollkommen anzunehmen und zu verstehen. Denn wenn Sie diese verstehen wird es in Ihrem Leben ab diesem Zeitpunkt keine dunklen Momente mehr geben im Gegenteil, ab dann wird Ihr Leben von göttlichem Licht überstrahlt sein.

Erzengel Uriel kann Ihnen zeigen, wofür jede Situation in Ihrem Leben gut ist und wofür Sie verschiedene Situationen benötigen. Wenn Sie also in einer von Ihnen als absolut negativ empfunden Situation festzustecken scheinen, kann Erzengel Uriel Ihnen zeigen, welche Lektion dahinter steckt und welche wunderbaren Chancen Ihnen diese Situation mitbringt, so dass Sie erkennen werden, dass jede Situation des Lebens niemals eine Strafe ist, denn wir haben ja gelernt, dass Gott und die engel niemals Urteilen und uns zu keiner zeit bestrafen, sondern jede Situation beinhaltet immer Chancen zum spirituellen Wachstum. Erzengel Uriel kann Ihnen genau zeigen, wo in Ihrer speziellen Situation, Ihre Lektion, die Sie lernen sollen liegt, Ihnen helfen sich dieser Situation zu öffnen, anstatt diese gleich als negativ beiseite zu legen und dadurch in Ihr Wachstum zu kommen.

Vielleicht haben Sie ja manchmal das Gefühl, sie treten auf der Stelle, stecken in einer Entwicklungsstufe fest und kommen nicht weiter. Wenn dies der Fall ist dann ist es absolut an der Zeit für Sie Erzengel Uriel anzurufen, ihn um seine Hilfe zu bitten und sich mit seiner wunderbaren Energie zu verbinden. Erzengel Uriel wird wenn Sie in dieser scheinbar festgefahrenen Situation um seine Hilfe bitten, sofort zu Ihnen kommen und Ihnen den zündenden Funken, die zündende Idee eingeben, die Sie weiter bringen kann. Wenn Sie dann den Botschaften folgen, wird Ihr Ihnen neue positive Inspirationen bringen, die wenn Sie auf diese hören, Ihnen neue Möglichkeiten und Wege für Ihr persönliches Wachstum zeigen werden.

Manchmal gibt es Situationen im Leben, wo wir Menschen durch langjährigen Müßiggang dass Licht Gottes in uns vergraben und verdrängt haben und dadurch nicht mehr sehen können. Geht es Ihnen vielleicht manchmal auch so? Wenn ja, dann ist es an der Zeit für Sie Erzengel Uriel um seine Hilfe zu bitten, denn er kann den Funken Gottes in Ihnen wieder zum Leuchten bringen, so dass Sie Gottes Licht wieder in sich spüren können. Denn eines sollten Sie wissen Gottes Licht und die Energie der Engel sind immer bei Ihnen, auch wenn Sie das gerade nicht fühlen können. In solchen Fällen haben Sie es nur verdrängt, aber Ihr Schöpfer und dessen können Sie sich absolut Sicher sein, wird sie niemals und zu keiner Zeit verlassen. Um das göttliche Feuer in Ihnen zu entfachen, muss also Erzengel Uriel nichts Neues in Ihnen entstehen lassen, sondern lediglich den Funken wieder zum Lodern bringen.

Wenn Sie Nachts in den Sternenhimmel schauen denken Sie doch mal während dessen an den mächtigen Erzengel Uriel, denn er ist der Regent der Sternenwelt und der Wächter über die Gesetze aller Welten. Damit wir Nachts das wunderbare Funkeln der Sterne am Himmel sehen können, zündet Erzengel Uriel Nachts die Sterne für uns an und sorgt dafür, dass sie die ganze Nacht leuchten und mit ihrem Licht die Nacht erhellen. Als Wächter Gesetze aller Welten kümmern sich Erzengel Uriel darum, dass die göttlichen Gesetze wieder ins Bewusstsein aller Lebewesen im Universum gelangen, also wieder in den Vordergrund treten und er überwacht deren Einhaltung, sprich die Einhaltung des göttlichen Gesetzes aus Licht und Liebe. Erzengel Uriel gibt allen Wesen, die im Universum Leben die Kraft und die Energie, die sie benötigen und stärkt tatsächlich alle Lebensformen die existieren, also alle Menschen, Tiere Pflanzen und Mineralien. Erzengel Uriel kann Ihnen durch seine wundervolle und überaus kraftvolle Energie zu wesentlich mehr Lebensfreude verhelfen, und er kann den Spaß und die Freude zurück in Ihr Leben bringen und diese wundervollen Energien verstärken.

Wenn Sie mal plötzlich einen Blitz vor Ihren Augen wahrnehmen, dann ist es mit Sicherheit Erzengel Uriel, der hier sein Erscheinen ankündigt er gibt uns die sogenannten Geistesblitze. Erzengel kann Ihnen also den Geistesblitz bzw. Die zündende Idee bringen, wenn Sie das Gefühl haben in einer Situation festzuhängen, die in Ihren Augen ausweglos erscheint. Erzengel erscheint, wenn auch nicht namentlich, bereits in der Bibel, er war nämlich der Engel, der Noah den dringend notwendigen Geistesblitz und die Pläne zum Bau seiner Arche gab, die ja wie Sie sicherlich wissen zum Erhalt des Lebens auf der Erde unendlich wichtig war.

Sollten Sie gerade in einer Lebenssituation sein, wo Sie nach Ihrem inneren Licht suchen oder das Gefühl haben Ihr inneres Licht durch verschiedene Umstände mehr oder weniger verloren zu haben, dann sollten Sie sich dringend an Erzengel Uriel wenden, damit er Ihnen helfen kann und Ihnen die notwendigen Schritte und Wege aufzeigen kann, die Ihnen helfen Ihr inneres Licht wieder zu finden.

Bei Depressionen und / oder dunklen Stimmungen und Stimmungsschwankungen ist es auch Erzengel Uriel, den Sie anrufen sollten, denn er ist der Ansprechpartner, der Ihnen helfen kann, wenn Sie es ihm durch Ihre Bitte erlauben, aus jedem auch noch so tief erscheinendem Loch in Ihrem leben einen Ausweg zu finden.

Chakra: Erzengel Uriel ist zuständig für Ihr Wurzelchakra
Farbe: Rot

Für welche Lebensbereiche ist Erzengel Uriel zuständig?

- Wenn Sie sich unbeweglich, energielos oder kraftlos fühlen kann Ihnen Erzengel Uriel dabei helfen, sich aus diesen Zuständen zu befreien und Sie mit frischer Energie auffüllen. Erzengel Uriel kann Ihnen also Ihre verlorene Kraft und Power zurück bringen.

- Wenn Sie das Gefühl haben sich in körperlichen Erstarrungs- oder Lähmungszuständen zu befinden kann Ihnen Erzengel Uriels Energie Ihnen dabei helfen wieder zu einer tollen Dynamik und Beweglichkeit zu gelangen.

- Erzengel Uriels Energie kann Ihnen eine unendliche Unterstützung sein, wenn Sie sich Antriebslos und Energielos fühlen. Mit Hilfe seiner Energie können Sie Ihre Batterien wieder aufladen und dementsprechend Ihre Energiereserven wieder auffüllen.

- In Zeiten, wo Sie vermehrt Ausdauer und Kraft benötigen und Sie das Gefühl haben dass das Leben Sie überfordert ist Erzengel Uriel in der Lage Ihnen genau die Kraft und Ausdauer zu geben, welche Sie aktuell benötigen um diese Lebenssituationen leichter durchzustehen.

- Wenn die freude am Leben in Ihnen aktuell nicht wirklich vorhanden ist, kann Erzengel Uriel Ihnen wieder die schönen Seiten des Lebens aufzeigen und Ihnen dabei helfen wieder erfüllt von großer Freude am Lebensfluss

teilzunehmen.
- Sie haben gute Ideen und Gedanken, wie Sie Ihr Leben zum positiven verändern können. Erzengel Uriels Energie kann Ihnen dabei helfen, Ihre Ideen Wirklichkeit werden zu lassen, so dass er Ihnen die Wege zeigt, wie Sie Ihre Ideen in Ihrem Leben zur Realität werden lassen und den größten nutzen daraus ziehen können.

- Wenn Sie sich aktuell sehr konfus fühlen, also Sie aktuell eine Zeit des Chaos und der Strukturlosigkeit in Ihrem Leben haben, dann kann Erzengel Uriels Energie Ihnen dabei helfen, Ihr Leben wieder neu zu ordnen und genau dadurch wieder neue Ordnung und Struktur in Ihr Leben zu bringen.

- Sollten Sie aktuell in der Arbeit an neuen oder laufenden Projekten in Ihrem Leben sein und Ihnen fehlen eventuell die notwendigen Ideen, kann Erzengel Uriels Energie Ihnen neue, wertvolle Impulse geben, die Sie zu den richtigen Ideen führen.

- Wenn Sie das Gefühl haben, dass es im Moment nichts schönes zu geben scheint, kann Erzengel Uriels Energie Ihren Blick für das göttliche wieder schärfen und Ihnen dabei helfen wieder die unendliche Schönheit der Natur und der gesamten Schöpfung zu sehen.

- In Ihrem Leben ist momentan alles mehr als nur stressig und Sie fühlen sich von diesem negativen Stress massiv überfordert? Dann kann Erzengel Uriels Energie Ihnen helfen diese Stresssituationen zu meistern und in auch noch o großen Stresssituationen Raum für Ruhe und Erholung zu erschaffen, damit Sie Ihren inneren Ruhepol wieder finden.

- Wenn Sie sich in Ihrer beruflichen Situation nicht wirklich angekommen fühlen und merken dass sich keine wirklichen Erfolge einstellen wollen, kann Erzengel Uriels Energie Ihnen helfen Ihre Berufung zu finden und dadurch zu absolut großem geschäftlichen Erfolg zu gelangen.

- Vielleicht haben Sie sich schon mal sagen hören, " das war schon immer gut...", obwohl es wesentlich bessere und neuere Wege gibt, die Sie leicht und einfach zu Ihren Zielen bringen könnten. Hier kann Erzengel Uriels Energie Ihnen helfen alte, eingefahrene Wege zu verlassen und den Mut zu entwickeln sich zu neuen Ufern und somit auch auf ganz neue Lebenswege zu begeben und diese erfolgreich zu meistern.

Gebete zu Erzengel Uriel

Grundsätzlich ist es, wie Sie ja bereits wissen vollkommen egal, wie Sie beten und ein einfaches "Erzengel Uriel hilf mir" reicht natürlich vollkommen aus, dennoch möchte ich Ihnen einige Gebete vorstellen, die Ihnen das Beten zu Erzengel Uriel erleichtern können.

- Lieber Gott, lieber Erzengel Uriel, ich rufe Euch herbei. Ich danke Euch von ganzem Herzen, dass ihr bei mir seit und ich auf Eure Hilfe vertrauen darf. Geliebter Erzengel Uriel bitte hilf mir aus meiner Unbeweglichkeit wieder heraus zu finden und bringe mir bitte meine Kraft zurück. Erzengel Uriel, ich danke Dir von ganzem Herzen, so ist es. Amen.

- Lieber Gott, lieber Erzengel Uriel, ich rufe Euch herbei. Ich danke Euch von ganzem Herzen, dass Ihr mich auf der körperlichen Ebene vollkommen unterstützt. Geliebter Erzengel Uriel bitte hilf mir mich aus meinen körperlichen Lähmungszuständen zu befreien und schenke mir wieder mehr Dynamik und Beweglichkeit. Erzengel Uriel, ich danke Dir von ganzem Herzen, so ist es. Amen.

- Lieber Gott, lieber Erzengel Uriel, ich rufe Euch herbei. Ich danke Euch von ganzem Herzen, dass Eure Präsenz mir jederzeit zur Seite steht. Geliebter Erzengel Uriel, ich bitte Dich, fülle meine Akkus wieder auf und schenke mir neue frische Energie für meinen Körper meinen Geist und meine Seele. Erzengel Uriel, ich danke Dir von ganzem Herzen, so ist es. Amen.

- Lieber Gott, lieber Erzengel Uriel, ich rufe Euch herbei. Ich danke Euch von ganzem Herzen für Eure Leichtigkeit und Bedingungslosigkeit, mit der ihr mir eine unendliche Unterstützung bietet. Geliebter Erzengel Uriel, ich bitte Dich von ganzem Herzen bringe die Unbeschwertheit und Fröhlichkeit zurück in mein Leben. Erzengel Uriel, ich danke Dir von ganzem Herzen, so ist es. Amen.

- Lieber Gott, lieber Erzengel Uriel, ich rufe Euch herbei. Ich danke Euch von ganzem Herzen für Eure unendliche Weisheit und dass ich daran jederzeit teilhaben darf. Geliebter Erzengel Uriel ich bitte Dich von ganzem Herzen gib mir die notwendigen und richtigen Ideen ein und hilf mir diese umzusetzen. Erzengel Uriel, ich danke Dir von ganzem Herzen, so ist es. Amen.

- Lieber Gott, lieber Erzengel Uriel, ich rufe Euch herbei. Ich danke Euch von ganzem Herzen, dafür dass alles in diesem Universum nach der Ordnung des Schöpfers abläuft. Geliebter Erzengel Uriel, ich bitte Dich von ganzem Herzen bringe Ordnung und Struktur zurück in mein Leben. Erzengel Uriel, ich danke Dir von ganzem Herzen, so ist es. Amen.

- Lieber Gott, lieber Erzengel Uriel, ich rufe Euch herbei. Ich danke Euch von ganzem Herzen, für diesen wunderschönen Planeten, der für uns geschaffen wurde. Geliebter Erzengel Uriel ich bitte Dich hilf mir stets offene Augen für die unendliche Schönheit der Schöpfung zu haben und immer den göttlichen Funken in allem was ist zu erkennen. Erzengel Uriel, ich danke Dir von ganzem Herzen, so ist es. Amen.

- Lieber Gott, lieber Erzengel Uriel, ich rufe Euch herbei. Ich danke Euch von ganzem Herzen, dafür dass immer gut für mich gesorgt wird und ich mich stets mit allem was ich brauche versorgen kann. Geliebter Erzengel Uriel ich bitte Dich von ganzem Herzen meine Berufung zu erkennen und dadurch den höchsten beruflichen Erfolg bei meiner Karriere zu erreichen. Erzengel Uriel, ich danke Dir von ganzem Herzen, so ist es. Amen.

- Lieber Gott, lieber Erzengel Uriel, ich rufe Euch herbei. Ich danke Euch von ganzem Herzen für Eure immer währende Begleitung auf meinem Lebensweg. Geliebter Erzengel Uriel ich bitte Dich von ganzem herzen hilf mir meine eingefahrenen Wege und Muster zu verlassen und mich erfüllt von Freude auf neue Wege zu begeben. Erzengel Uriel, ich danke Dir von ganzem Herzen, so ist es. Amen.

Affirmationen zu den Energien von Erzengel Uriel:

- Ich bin voller Energie, erfüllt vom Power und Kraft.

- Ich bin voller Dynamik und Beweglichkeit und genieße den Fluss des Lebens.

- Ich habe die Ausdauer alle Aufgaben meines Lebens durchzustehen.

- Ich bin stets fröhlich und vergnügt, das Leben ist wundervoll.

- Mein Leben ist vollkommen in Ordnung und von einer wunderbaren Struktur erfüllt.

- Ich habe immer die richtigen göttlichen Impulse, die ich gerade brauche.

- Ich sehe in allem stets das Göttliche und genieße die Schönheit der Natur.

- Ich bin immer ruhig und gelassen und handle stets aus meiner inneren Mitte.

Erzengel Chamuel

Erzengel Chamuel ist ein Engel mit einer wundervollen sanften und dennoch leidenschaftlichen Energie, dies sagt schon sein Name, denn die Bedeutung des Namens Erzengel Chamuel ist "Feuer aus Gottes Herz" oder auch "Gott ist mein Ziel. Er der Erzengel der Liebe und er regiert die Liebesengel die unter ihm stehen. Nach den Kosmischen Prinzipien ist er auch der Engel des Krieges, was wir aber richtig verstehen müssen, denn in Kriegerischen Situationen ist es Erzengel Chamuels Aufgabe, die Herzen der Menschen zu erweichen, damit bei Ihnen ein Prozess des Erkennens eintritt und diejenigen, die für diese Kriegerischen Handlungen verantwortlich sind, das göttliche Gesetzt von Licht und Liebe erkennen. Erzengel Chamuels Anliegen ist es allen Menschen, die an einem Krieg beteiligt sind zu lehren, wie man eine Lösung zum höchsten Wohle aller beteiligten Personen finden kann und somit einen Weg erfüllt von Frieden beschreiten kann.
Er ist außerdem der sogenannte "Finderengel", und ganz uns durch diese Aufgabe helfen alles zu finden, was wir gerade in unserem Leben brauchen und was in Wahrheit längst vorhanden ist, zum Beispiel die passende Beziehung, den für uns richtigen Job, die passende Wohnung und so weiter.

Erzengel Chamuel kann Ihnen bei allen Konflikten und Streitigkeiten in jeder zwischenmenschlichen Beziehung helfen, wenn Sie ihn darum bitten. Er wird Ihnen konstruktive und positive Lösungen für die Konfliktsituationen aufzeigen, die stets dem höchsten Wohl aller beteiligten Personen dienlich sind, denn wie schon erwähnt ist er zuständig für die Schlichtung kriegerischer Situationen und dies gilt ebenso im kleinen wie im großen ganzen. Wenn wir ihn in solchen

Situationen anrufen und um seine Hilfe bitten, wird Erzengel Chamuel uns stets Lösungen aufzeigen, welche dafür sorgen, dass alle an der Situation mitwirkenden Menschen erfüllt von Zufriedenheit aus dieser Situation heraus gehen. Er verwandelt dann jede Aggression und kämpferische Energie in einen sanften, von göttlicher Liebe erfüllten Weg, der uns mit Freude erfüllt. Er hilft uns dann wieder in eine Energie der Kooperationbereitschaft zu finden, damit wir Kompromisse eingehen können, mit denen wirklich jeder einverstanden sein wird. Er sorgt durch seine wunderschöne Energie, dass wir dann wieder in versöhnliche Stimmungen gelangen können und somit einer herrlichen Versöhnung nichts mehr im Wege steht.

  Gehören Sie vielleicht auch zu den Menschen, die über sozial sind, also sich stets und immer um die Sorgen anderer kümmern und sich selbst bei all dem vergessen? Wenn ja dann brauchen Sie unbedingt Erzengel Chamuels Hilfe. Denn er kann dabei helfen endlich zu erkennen, dass Sie der wichtigste Mensch in ihrem Leben sind, damit sie in erster Linie gut für sich selbst sorgen können, wozu sicherlich auch gehört das Wort "NEIN" zu erlernen und nur dann Dinge für andere zu tun, wenn dies auch Ihrem eigenen höchsten Wohl dienlich ist. Er kann Ihnen beibringen die manchmal notwendige Strenge an den Tag zu legen und Ihnen den Mut geben zu Ihrer inneren Wahrheit und zu Ihren inneren Überzeugungen zu stehen, damit Sie sich aus gewissen Opferrollen befreien können. Mit seiner Hilfe können Sie lernen, sich in gar keinem Fall von anderen Menschen unterdrücken zu lassen, sondern im Gegenteil klar, deutlich und dennoch liebevoll Ihre ganz persönlichen Grenzen zu setzen, wo es für Sie persönlich von nöten ist.

Zu Erzengel Chamuels Aufgaben gehört es außerdem unsere kreativen und musischen Talente zum Vorschein zu bringen, er kann diese wundervollen Fähigkeiten auch bei Ihnen fördern und erweitern. Er inspiriert Künstler, wirklich große und wunderbare Werke zu erschaffen.Erzengel Chamuel hat zum Beispiel Leonardo Da Vinci zu seinem größten Meisterwerk inspiriert, der Mona Lise, welche wie Sie sicherlich wissen im Louvre zu bewundern ist und wohl das bekannteste und größte Werk des Künstlers darstellt.

In der bereits erwähnten Funktion als "Finderengel" kann Erzengel Chamuel Ihnen eine unendlich große Hilfe und Unterstützung sein verlorene oder verlegte Gegenstände wieder zu finden. Er kann Sie außerdem dabei unterstützen, wenn Sie auf der Suche nach etwas ganz bestimmten sind, zum Beispiel, ein passendes Möbelstück, ein passendes Haus, die passende Wohnung und so weiter, dies zu finden. Des weiteren unterstützt Sie Erzengel Chamuel bei der Suche nach Ihrer/ Ihrem Seelengefährten/ Seelengefährtin, denn er ist ja sowohl der Engel der Liebe wie auch der "Finderengel" und kann uns wahre und echte Liebe in unser Leben bringen.

Chakra: Erzengel Chamuel ist zuständig für Ihr Herzchakra
Farbe: Rosa und orange

Für welche Lebensbereiche ist Erzengel Chamuel zuständig?

- Wenn Sie auf der Suche nach einer wundervollen Liebesbeziehung sind, kann Erzengel Chamuel Ihnen helfen Ihren Seelengefährten zu finden, ihn kennen zu lernen und mit ihm anzukommen.

- Sollten Sie mal etwas verloren oder verlegt haben, dann kann Erzengel Chamuel Ihnen dabei helfen, diesen Gegenstand wiederzufinden, indem er Ihre Intuition stärkt.

- Sollten Sie zu den Menschen gehören, die ihren eigenen Wert nicht sehen können, dann kann Erzengel Chamuel Ihnen helfen die Liebe in Ihnen und vor allem zu sich selbst zu erlangen, zu intensivieren und zu verfestigen, damit Sie erkennen wie wundervoll und wertvoll Sie in Wahrheit sind.

- Wenn die Sorgen und Aufgaben des Alltags Sie erdrücken und Sie sich fragen, wie Sie das noch alles schaffen sollen, dann kann Erzengel Chamuel Ihnen Wege aufzeigen, wie Sie sich Ihr Leben erleichtern können, um den Alltag wieder mit Leichtigkeit zu meistern.

- Vielleicht fehlen Ihnen Zeit und Raum für Vergnügungen und Spaß in Ihrem Leben, wenn dies der Fall ist kann Erzengel Chamuel Ihnen helfen hier wieder Zeitfenster für Sie zu erschaffen.

- Erzengel Chamuel kann Ihnen eine unendliche Hilfe sein, zu lernen sich selbst nicht mehr einzuschränken und zu lernen sich auf vollkommene Art und Weise selbst zu verwirklichen.

- Wenn Ihr leben momentan von massiven Stresssituationen durchzogen ist, dann kann Ihnen Erzengel Chamuel dabei helfen diesen Stress leichter zu überstehen und besser meistern zu können.

- Sollten Sie aktuell Probleme in Ihrer Partnerschaft haben, auch wenn es noch so unlösbar erscheinen mag, kann Erzengel Chamuel Ihnen helfen, hier positive Lösungen für beide Seiten zu finden.

- Bei jeder Art von Klärungsgesprächen, egal ob im privaten oder geschäftlichen Bereich, kann Ihnen Erzengel Chamuel bereits bei der Gesprächsvorbereitung eine wertvolle Hilfe sein, um für einen positiven Gesprächsverlauf und wunderbare Klärungen zu sorgen.

- Wenn Sie eine Gruppe bilden möchten oder in einem Team arbeiten, kann Erzengel Chamuel Ihnen helfen, dass alle beteiligten dieser Gruppe als Team miteinander und füreinander einstehen und arbeiten.

- Erzengel Chamuel kann Ihnen eine unendlich wertvolle Hilfe sein, wenn es darum geht Ihre musischen und/ oder kreativen Begabungen auszuleben zu fördern und zu erweitern und in Ihr Berufsleben zu integrieren.

Gebete zu Erzengel Chamuel

Grundsätzlich ist es, wie Sie ja bereits wissen vollkommen egal, wie Sie beten und ein einfaches "Erzengel Chamuel hilf mir" reicht natürlich vollkommen aus, dennoch möchte ich Ihnen einige Gebete vorstellen, die Ihnen das Beten zu Erzengel Chamuel erleichtern können.

- Lieber Gott, lieber Erzengel Chamuel, ich rufe Euch herbei. Ich danke Euch von ganzem Herzen, dafür dass ich von Euch unendlich und bedingungslose Liebe erfahren darf. Geliebter Erzengel Chamuel, ich bitte Dich von ganzem Herzen hilf mir meinen Seelenpartner zu finden und in eine glückliche erfüllte und dauerhafte Partnerschaft zu gehen. Erzengel Chamuel, ich danke Dir von ganzem Herzen, so ist es. Amen.

- Lieber Gott, lieber Erzengel Chamuel, ich rufe Euch herbei. Ich danke Euch von ganzem Herzen, dafür dass Ihr mir immer hilfreich zur Seite steht. Geliebter Erzengel Chamuel ich bitte Dich von ganzem Herzen ... (benennen Sie den Gegenstand) wieder zu finden. Erzengel Chamuel, ich danke Dir von ganzem Herzen, so ist es. Amen.

- Lieber Gott, lieber Erzengel Chamuel, ich rufe Euch herbei. Ich danke Euch von ganzem Herzen, dass ich bei Euch stets Entspannung finden darf. Geliebter Erzengel Chamuel bitte hilf mir die Aufgaben des Alltags in

Leichtigkeit zu überstehen und diese gut zu meistern. Erzengel Chamuel, ich danke Dir von ganzem Herzen, so ist es. Amen.

- Lieber Gott, lieber Erzengel Chamuel, ich rufe Euch herbei. Ich danke Euch von ganzem Herzen für Eure stets liebevolle hilfe und unterstützung, die Ihr mir schenkt. Geliebter Erzengel Chamuel bitte hilf mir mich wieder selbst so zu lieben, wie ich bin. Erzengel Chamuel, ich danke Dir von ganzem Herzen, so ist es. Amen.

- Lieber Gott, lieber Erzengel Chamuel, ich rufe Euch herbei. Ich danke Euch von ganzem Herzen für den wundervollen Partner/ die wundervolle Partnerin an meiner Seite. Bitte helft uns diese Partnerschaft weiter zu verfestigen und stets die richtigen Worte für einander zu finden. Erzengel Chamuel, ich danke Dir von ganzem Herzen, so ist es. Amen.

Affirmationen zu den Energien von Erzengel Chamuel:

- Ich bin wundervoll, perfekt von meinem Schöpfer geschaffen und ich liebe mich selbst bedingungslos

- Ich bin liebenswert und ziehe wahre liebe in mein Leben.

- Ich bin es wert, den für mich Perfekten Partner an meiner Seite zu haben.

- Alles in meinem Alltag ist leicht und einfach, alles geht wie von selbst.

- In meinem Leben ist immer genug Zeit für Spass und Vergnügen.

- Ich habe ein offenes Herz für mich und andere Menschen.

- Ich lebe meine kreativen Talente vollkommen aus.

- Ich bin Liebe.

- Ich werde unendlich geliebt.

Erzengel Zadkiel

Erzengel Zadkiels Name bedeutet „Wohlwollen Gottes". Ein seiner Aufgaben besteht darin uns das göttliche Gesetz der Vergebung und des Mitgefühls zu lehren und uns dadurch beizubringen allen Menschen und vor allem uns selbst vollkommen zu vergeben, damit wir uns wahrhaft und vollkommen frei fühlen können. An dieser Stelle möchte ich erwähnen dass Vergebung keineswegs bedeutet alles zu entschuldigen oder plötzlich gut zu heißen, was andere Menschen getan haben, sondern lediglich dass man loslässt und der jeweiligen Person alles Liebe auf ihrem Weg wünschen kann und keinerlei Groll mehr hegt. Erzengel Zadkiel kann uns alle lehren unsere Schattenanteile als Teil unserer Menschlichkeit anzuerkennen, zu akzeptieren und liebevoll anzunehmen. Und uns durch diesen Prozess wahrhaft selbst zu lieben eben genau so wie wir sind. Denn mit dem Schatten ist es so, dass wenn wir ihm Aufmerksamkeit schenken, egal in welche Richtung, wir diesen nur stärker machen. Wenn wir allerdings unseren Schatten beginnen zu lieben, lenken wir automatisch Licht und Liebe auf ihn, somit bleibt dann den Schattenanteilen nichts anderes übrig, als zu verschwinden. Erzengel Zadkiel lehrt uns die Vollkommenheit von Gottes Vergebung. Wir alle brauchen nicht auf Gottes Vergebung hoffen oder warten, denn Gott vergibt nichts, weil er erst gar nicht urteilt oder richtet und es somit in den Augen unseres wunderbaren Schöpfers überhaupt nichts zu vergeben gibt. Die meisten Menschen allerdings neigen dazu zu werten, zu richten und unsere Zeit zu verschwenden, indem wir nach negativen Eigenschaften bei anderen Menschen suchen und über diese diskutieren oder noch schlimmer schlecht über uns selbst zu

reden, uns selbst Vorwürfe zu machen und dadurch in Selbstvorwürfe und Selbsthass zu verfallen, obwohl wir und zwar jeder einzelne von uns von unserem Schöpfer perfekt kreiert wurden. Erzengel Zadkiel kann und will uns dabei helfen und unterstützen diese falschen Glaubenssätze und Verhaltensmuster aufzulösen und zu einer neuen positiven Sichtweise zu gelangen, in der wir uns selbst vollkommen vergeben und die Perfektion, in der uns unser Schöpfer erschaffen hat zu erkennen.
Eine weitere Aufgabe von Erzengel Zadkiel ist es uns dabei zu unterstützen das irdische Gesetz und Rechtssystem in Einklang mit der göttlichen Gerechtigkeit, die nur aus Licht und Liebe besteht zu bringen. Dadurch kann Erzengel Zadkiel uns lehren ab sofort nur noch die Wege unseres Herzens zu gehen, denn eines sollten Sie sich ganz bewusst machen, Fakt ist nämlich, dass ein Herz welches von Liebe erfüllt ist keine falschen Wege gehen kann. In allen Angelegenheiten aus diesem Bereich arbeitet Erzengel Zadkiel sehr eng mit dem bereits beschriebenen Erzengel Michael zusammen, der uns wiederum den Mut und die Kraft geben kann, zu der Wahrheit und den Wegen, welche unser Herz uns zeigen möchte zu stehen und eben die Wege, die unser Schöpfer und unser Herz für uns vorgesehen hat kraftvoll zu gehen.
Erzengel Zadkiel ist außerdem noch der Engel der Wachstumsprozesse, des sich entfalten können und der Vollendung. Dies bedeutet, dass Erzengel Zadkiel uns helfen kann, wenn wir ihn darum bitten, unser persönliches Wachstum nach vorne zu treiben, in dem er uns Wege zeigt, wie wir „groß" werden können und er kann unsere Wachstumsprozesse zur Vollendung führen. Dies tut er in dem er uns hilft unser Seelenlicht, also den göttlichen Funken in uns selbst zu

erkennen und dieses Licht zum Strahlen zu bringen. Er kann alles was von Gott geschaffen wurde, also auch uns Menschen in eine vollkommene Form bringen und uns somit zur vollkommenen Schönheit verhelfen.
Erzengel Zadkiel kann alles was aufkeimt zum Sprießen und Wachsen bringen. Ebenso wie er sprießenden Pflänzchen dabei hilft zu einer prachtvollen Pflanze mit wundervollen Blüten heran zu wachsen, kann Erzengel Zadkiel Ihre Ideen, die Sie in sich tragen, zum Aufkeimen, Heranwachsen und prächtigen Erblühen bringen, also wenn Sie einen sogenannten Geistesblitz haben, beziehungsweise eine Idee in Ihnen zu keimen beginnt bitten Sie einfach Erzengel Zadkiel um seine Hilfe, dann wird er sofort bei Ihnen sein und Ihre Idee, Ihren Geistesblitz zur Vollkommenheit führen. Er wird Sie außerdem dabei unterstützen Ihre Idee in die materielle Welt einzubringen und Wirklichkeit werden zu lassen.

Natürlich werden Sie wissen, dass der Weg, um eine Idee um zu setzen oftmals sehr steinig und schwer sein kann und wer hat noch nicht erlebt, dass man auf einem solchen Weg auch mal Verluste erleiden kann und dementsprechend ein solcher Prozess manchmal auch sehr schmerzvoll ist. Dies alles können Sie sich sehr einfach ersparen, in dem Sie ab heute nicht mehr versuchen solche Prozesse allein zu durchleben, sondern einfach Erzengel Zadkiel um seine unendlich liebevolle Hilfe zu bitten, denn er wird Ihnen alle Steine aus dem weg räumen, die Verluste abmildern oder sogar ganz verhindern und Ihnen zeigen, dass es auch ganz leicht und spielend einfach sein kann seine Ideen Wirklichkeit werden zu lassen, so dass uns der Weg zur Verwirklichung unserer Träume vollkommene Freude bereitet.

Chakra: Erzengel Zadkiel ist zuständig für Ihr drittes Auge/Stirnchakra

Farbe: Blau, gold

Für welche Lebensbereiche ist Erzengel Zadkiel zuständig?

- Sollten Sie sich von Selbstzweifeln, Selbstverurteilungen oder sogar Selbsthass geplagt fühlen, kann Erzengel Zadkiel Ihnen helfen durch Selbstvergebung zu einem positiven Neuanfang in Form von Selbstliebe zu gelangen.

- Egal welche Herausforderungen das Leben momentan für Sie bereit hält, Erzengel Zadkiel kann Ihnen bei allen Wachstumsprozessen des Lebens helfen und Sie dabei unterstützen all diese Herausforderungen leicht und einfach zu meistern.

- Wenn Sie Ihren Schattenanteile noch verdrängen oder verurteilen, ann Erzengel Zadkiel Sie dabei unterstützen, Ihren inneren Schatten zu akzeptieren, ihn liebevoll, als wichtigen und richttigen Teil Ihrer selbst anzunehmen, ja den Schatten in Ihnen sogar zu lieben und ihn dadurch aufzulösen und in Licht umzuwandeln.

- Vielleicht haben Sie ja momentan Herausforderungen in Ihrem leben, die für Sie viel positives bereit halten, haben aber noch Ängste vor dem Versagen, dann kann Ihnen Erzengel Zadkiel helfen diese Ängste vor dem Versagen zu überwinden, den Mut zum ´Risiko´ in Ihnen zu entwickeln oder zu stärken und dadurch die Erfolgserlebnisse in Ihrem Leben deutlich zu erhöhen und erweitern.

- Sollten Sie aktuell eine Niederlage in Ihrem Leben erlebt haben, die Sie sehr runter gezogen hat, kann Erzengel Zadkiel Ihnen helfen sich davon zu erholen und zu regenerieren. Er wird Ihnen dann zeigen, dass Resignation gar nichts bringt und Sie dahin führen wieder erfüllt von neuem Mut und neuer stärke durch zu starten.

- Erzengel Zadkiel kann Ihnen zeigen, dass Sie grenzenlos sind und durch diesen wundervollen Prozess alle Ihre inneren Begrenzungen und von Ihnen oder anderen auferlegten Beschränkungen auflösen, damit Sie Ihre eigene Grenzenlosigkeit erkennen können und das Wissen entwickeln, dass wirklich alles möglich und Sie alles in Ihrem Leben erreichen können was Sie sich von Herzen wünschen.

- Wenn Sie aktuell mit Gerichten und/ oder Behörden zu tun haben oder ein Rechtsstreit in Ihrem Leben ansteht, dann ist sicherlich Erzengel Zadkiel der passende Ansprechpartner, der hier für Gerechtigkeit sorgen kann und eine positive Lösung im Sinne der göttlichen Gesetze für Sie bewirken wird.

- Sollten Sie den innigen Wunsch in sich verspüren, dass Unwahrheiten an Licht kommen, beziehungsweise in bestimmte Lebenssituationen Wahrheit hinein gebracht wird, dann ist Erzengel Zadkiel der richtige Ansprechpartner, der ihnen hierbei eine unendliche Hilfe sein kann.

- Wenn ein Geistesblitz in Ihnen aufkommt und Sie in sich neue Ideen fühlen, wo Sie das Drängen haben etwas Neues daraus entstehen zu lassen, kann Erzengel Zadkiel Ihnen helfen, diese Idee Wirklichkeit werden zu lassen, in dem er Ihnen die notwendigen Grundgedanken schenkt und Sie zu den passenden Stellen führt.

- Vielleicht hatten Sie gerade in Ihrem Leben eine schwer zu bewältigende Niederlage oder einen Fehlschlag. Sollte dies der Fall sein, kann Erzengel Zadkiel Ihnen helfen, die Wahrheit und den Sinn in dieser Situation zu erkennen und diese von einer neuen Warte aus zu betrachten, nämlich als eine Chance etwas ganz neues entstehen zu lassen und positive Pläne zu kreieren.

Gebete zu Erzengel Zadkiel

Grundsätzlich ist es, wie Sie ja bereits wissen vollkommen egal, wie Sie beten und ein einfaches "Erzengel Zadkiel hilf mir" reicht natürlich vollkommen aus, dennoch möchte ich Ihnen einige Gebete vorstellen, die Ihnen das Beten zu Erzengel Zadkiel erleichtern können.

- Lieber Gott, lieber Erzengel Zadkiel, ich rufe Euch herbei. Ich danke Euch von ganzem Herzen, dass Ihr mich stets in meinem Vertrauen stärkt. Geliebter Erzengel Zadkiel ich bitte Dich von ganzem Herzen hilf mir, mein Selbstvertrauen zu stärken und mich so von allen Selbstzweifeln zu befreien. Erzengel Zadkiel, ich danke Dir von ganzem Herzen, so ist es. Amen.

- Lieber Gott, lieber Erzengel Zadkiel, ich rufe Euch herbei. Ich danke Euch von ganzem Herzen, für alle Aufgaben, die mir das Leben schenkt. Geliebter Erzengel Zadkiel bitte hilf mir alle Herausforderungen, die mir das Leben bringt mit Leichtigkeit zu lösen und somit mein persönliches Wachstum zu fördern. Erzengel Zadkiel, ich danke Dir von ganzem Herzen, so ist es. Amen.

- Lieber Gott, lieber Erzengel Zadkiel, ich rufe Euch herbei. Ich danke Euch von ganzem Herzen, für jeden Anteil meiner Seele und für das göttliche in mir. Geliebter Erzengel Zadkiel, ich bitte Dich hilf mir meine

Schattenanteile liebevoll als teil meiner selbst anzunehmen und zu akzeptieren und mich als dass zu sehen, was ich in Wahrheit bin, ein von Gott perfekt geschaffener Mensch. Erzengel Zadkiel, ich danke Dir von ganzem Herzen, so ist es. Amen.

- Lieber Gott, lieber Erzengel Zadkiel, ich rufe Euch herbei. Ich danke Euch von ganzem Herzen für diese wundervolle grenzenlos geschaffene Welt. Geliebter Erzengel Zadkiel ich bitte Dich hilf mir alle Grenzen und irdischen Begrenzungen endgültig hinter mir zu lassen und zu erkennen, dass ich vom Schöpfer Grenzenlos geschaffen wurde. Erzengel Zadkiel, ich danke Dir von ganzem Herzen, so ist es. Amen.

- Lieber Gott, lieber Erzengel Zadkiel, ich rufe Euch herbei. Ich danke Euch von ganzem Herzen, dass ihr Licht in jede dunkle Situation des Lebens bringt. Geliebter Erzengel Zadkiel bitte hilf mir immer die Wahrheit in allem zu sehen und bringe jede Lüge ans Licht. Erzengel Zadkiel, ich danke Dir von ganzem Herzen, so ist es. Amen.

Affirmationen zu den Energien von Zadkiel:

- Ich bin in der Lage mir selbst und anderen wahrhaft zu vergeben.

- Ich erledige alle Herausforderungen des Lebens mit spielender Leichtigkeit.

- Ich liebe mich vollkommen ganz und gar, meine Schattenanteile sind wundervoll.

- Risiken gehe ich mit Freude an, um den vollkommenen Erfolg in meinem Leben anzuziehen.

- Ich bin wahrhaft Grenzenlos.

- Ich gehe stets den Weg der Wahrheit und mein Leben ist von Wahrheit erfüllt.

- Jede Niederlage ist eine großartige Chance auf etwas noch schöneres und besseres und macht mich stark.

Erzengel Jophiel

Nun möchte ich Ihnen Erzengel Jophiel vorstellen. Jophiels Name bedeutet, „Gott ist meine Wahrheit". Er ist der Engel der Erleuchtung, der Beständigkeit, der Weisheit und der Erzengel der Schönheit. Erzengel Jophiel trägt eine unendliche Geduld in seiner Energie, die sogenannte „Engelsgeduld".
Vielleicht suchen Sie aktuell in Ihrem Leben nach einer neuen Richtung für sich selbst, dann ist Erzengel Jophiel sicher Ihr richtiger und passender Ansprechpartner in Ihrer Lebenssituation. Er kann Ihnen die hierzu richtigen und wichtigen Impulse geben, die Ihnen bei der Suche nach einer neuen Richtung unendlich helfen werden. Er kann Sie auch dabei unterstützen die notwendige innere Ruhe, Geduld und Beständigkeit zu entwickeln, die Sie benötigen, damit Sie diese neue Richtung voll und ganz in Ihre Seele integrieren können und somit Ihr ganzes Leben positiv verändern können und dies langfristig.
Erzengel Jophiel kann Ihnen beibringen und Sie Lehren, auch die von Ihnen als wahnsinnig schwer und mühevoll empfundenen Wege in absoluter Leichtigkeit, vollkommen frei von Sorgen und mit einer inneren Beschwingtheit zu beschreiten. Er kann Ihnen ein Gefühl von unendlicher Sicherheit geben, wenn Sie brauchen, so dass Sie den Mut entwickeln und sich trauen alle Hürden, auch wenn sie noch so schwer erscheinen mögen zu überwinden und eben nicht vor ihnen halt zu machen oder stehen zu bleiben. Wenn Sie mit

seiner Hilfe an einer neuen Lebensrichtung arbeiten, werden Sie mit Sicherheit nicht mehr an gewissen Stellen stecken bleiben, sondern immer die passenden Lösungswege parat haben. Denn mit Erzengel Jophiels wunderbarer Energie ist tatsächlich jede, auch noch so schwer wirkende Hürde spielend leicht überwindbar.

Wir Menschen neigen dazu, uns selbst gedanklich zu blockieren und uns Grenzen und Begrenzungen zu erschaffen, durch die wir uns in die Lüge begeben, dass etwas für uns unmöglich sein könnte. Erzengel Jophiel kann Ihnen helfen die Illusion der menschlichen Begrenztheit aufzulösen, wodurch wir entdecken dürfen, wie leicht und einfach das Leben in Wahrheit ist und dass in Wahrheit so etwas wie unüberwindbare Hindernisse oder Hürden gar nicht existieren.

Erzengel Jophiel will uns lehren, dass mit innerer Ruhe, Gelassenheit, Geduld und Ausdauer in unserem Leben tatsächlich alles möglich ist und wir alles, was wir uns wahrhaft von Herzen (nicht mit dem Ego) wünschen auch erreichen können. Dies soll uns zeigen, dass jeder einzelne von uns Menschen in der Lage ist, sich komplett selbst zu verwirklichen, denn in jeder Person, die wir alle von Gott geschaffen wurden, steckt die göttliche Schöpferkraft, denn Gott hat uns Menschen schließlich, wie Sie alle wissen, nach seinem Bilde erschaffen, und er hat uns mit allem ausgestattet, was wir brauchen, inklusive Schöpferkraft, wir Menschen bilden also quasi den Mikrokosmos und Gott den Makrokosmos.

Falls Sie zu jenen Menschen gehören, die sich auf einer
scheinbar unaufhörlichen Suche Befinden oder Sie das Gefühl
haben sich in einem ständigen innerem Kampf befinden, weil
Sie sich berufen fühlen Ihr Leben dem Wohle aller Menschen
zu widmen ist Erzengel Jophiel Ihr Ansprechpartner. Vielleicht
Forschen Sie ständig und suchen nach Ideen für Entdeckungen,
Erfindungen oder Erneuerungen, die allen Lebewesen, also dem
gesamten Planeten Erde dienlich sind und gut tun sollen. Ist
dies der Fall sollten Sie unbedingt Erzengel Jophiel um seine
Hilfe und Unterstützung bitten, denn seine Energie ist es,
welche Sie bei all dem perfekt unterstützen kann. Wenn Sie ihn
um seine Hilfe bitten, lässt Erzengel Jophiel, sehr gerne für Sie
seine unendlich stärkende und aufbauende Energie fließen und
hilft Ihnen dabei, die für Ihre vorhaben wichtigen Impulse zu
bekommen, um all Ihre Ziele leicht und einfach in die Tat
umsetzen zu können.

Sollte es bei Ihnen der Fall sein, dass in Ihrem Umfeld
Menschen sind, die Sie hintergehen oder Gerüchte und Lügen
über Sie verbreiten, kann Erzengel Jophiel dabei helfen Ihren
eigenen inneren Anteil an der Situation zu erkennen und
aufzulösen. Außerdem kann er Ihnen helfen, dass die Menschen
in Ihrem Umfeld die Wahrheit über Ihre Person erkennen und
somit nicht auf dieses Gerede herein Fallen und sich davon
leiten lassen.

Sollten Ihnen Ordnung und Struktur in Ihrem Leben fehlen,
rufen Sie einfach Erzengel Jophiel an und bitten ihn um seine
Hilfe, dann wird er sofort da sein und Ihnen Wege zeigen, um

Sie aus dem Chaos zu befreien. Sollen Sie zum Beispiel in einer Lebensphase sein, wo Sie nicht die notwendige Kraft und den nötigen Elan in sich haben, um in Ihrem Umfeld (Garten, Haus, Wohnung und so weiter) für Ordnung, Struktur und eine schöne, saubere Umgebung zu sorgen, kann Erzengel Jophiel, wenn Sie ihn darum bitten, Ihnen dabei helfen aus Ihrer Lethargie heraus zu finden, in dem er Ihnen einen Energieschub und die nötige Motivation gibt. Wundern Sie sich bitte nicht, egal in welcher Situation Sie Erzengel Jophiel um seine Energie bitten, kann es immer sein, dass Sie plötzlich das Bedürfnis verspüren in Ihrem Umfeld für Sauberkeit und Ordnung zu sorgen. Dies ist als klares und deutliches Zeichen zu werten, dass Erzengel Jophiel mit seiner wunderbaren Energie aus Licht und Liebe anwesend ist und dabei ist Ihnen mit Ihrem Anliegen hilfreich zur Seite zu stehen.

Farbe: Gelb, gold

Chakra: Erzengel Jophiel ist zuständig für Ihr Wurzelchakra.

Für welche Lebensbereiche ist Erzengel Jophiel zuständig?

- Sollten Sie in einer Situation sein, wo es Ihnen schwehr fällt zu erkennen, wie ehrlich die Menschen in Ihrem Umfeld Ihnen gegenüber sind, kann Erzengel Jophiel Ihnen helfen Wahrheit von Lüge zu unterscheiden.

- Wenn Sie dabei sind neue Dinge zu erlernen, die für Ihr Leben wichtig sind, kann Erzengel Jophiel Ihnen helfen, diese neuen Fähigkeiten und Fertigkeiten leicht und einfach zu erlernen, auf richtige Weise und zum höchsten Wohle anzuwenden.

- Bei jeder Art des Lernens oder bei der Vorbereitung auf Prüfungen oder Tests von neuem Wissen kann Erzengel Jophiel Ihnen helfen jede Art von Konzentrationsschwäche und Konzentrationsschwierigkeiten zu überwinden und Ihnen somit das Lernen erleichtern.

- Suchen Sie vielleicht nach Ihrer inneren Weisheit oder Ihrem inneren Wissen, dann kann Ihnen Erzengel Jophiel helfen den Zugang und den Kontakt zu Ihrer inneren Wahrheit zu bekommen.

- Wenn Sie wissenschaftlich tätig sind, ist Erzengel Jophiel Ihr richtiger Begleiter, denn er kann Ihnen helfen, zu wissenschaftlichen Erkenntnissen zu gelangen und die Zusammenhänge zu erkennen.

- Vielleicht unterdrücken Sie Ihre Intuition und Ihre innere Stimme und hören zu sehr auf Ihren Kopf, dann kann Ihnen Erzengel Jophiel helfen, Ihrer inneren Führung wieder mehr zu vertrauen, ihr zu folgen und dadurch immer die richtigen Entscheidungen zu treffen.

- Sollten Sei verhärtet durch falschen Stolz oder engstirniges Denken durchs Leben gehen, kann Ihnen Erzengel Jophiel dabei helfen, diese Denkmuster zu überwinden und wieder mehr Leichtigkeit in Ihr Leben zu erlangen.

- Sollten Sie unter der Sucht nach Zigaretten leiden, kann Erzengel Jophiel Sie unterstützen, dieses Verlangen aufzulösen und endgültig mit dem Rauchen aufzuhören.

- Wenn in Ihrem Seelenleben alles in einem Kampf und Chaos zu sein scheint, kann Erzengel Jophiel Ihnen helfen wieder inneren Frieden zu finden und dieses wundervolle Gefühl in sich zu verankern und dauerhaft beizubehalten.

- Erzengel Jophiel, hilft Ihnen, wenn Sie ihn darum bitten, bei jedem Problem, in jedem Bereich Ihres Lebens immer eine positive Lösung zu finden.

- Erzengel Jophiel kann Ihnen helfen, sich ein sauberes und ordentliches Umfeld zu erschaffen.

Gebete zu Erzengel Jophiel

Grundsätzlich ist es, wie Sie ja bereits wissen vollkommen egal, wie Sie beten und ein einfaches "Erzengel Jophiel hilf mir" reicht natürlich vollkommen aus, dennoch möchte ich Ihnen einige Gebete vorstellen, die Ihnen das Beten zu Erzengel Jophiel erleichtern können.

- Lieber Gott, lieber Erzengel Jophiel, ich rufe Euch herbei. Ich danke Euch von ganzem Herzen, dass Ihr mich stets in meinen Wachstumsprozessen stärkt und stabilisiert. Geliebter Erzengel Jophiel, ich bitte Dich von ganzem Herzen hilf mir, mich stets gut zu Konzentrieren, so dass ich stets leicht und einfach lernen kann. Erzengel Jophiel, ich danke Dir von ganzem Herzen, so ist es. Amen.

- Lieber Gott, lieber Erzengel Jophiel, ich rufe Euch herbei. Ich danke Euch von ganzem Herzen, für Eure unenliche Weisheit, die Ihr mit mir teilt. Geliebter Erzengel Jophiel, ich bitte Dich von ganzem Herzen hilf mir den Kontakt zu meiner inneren Wahrheit und Weisheit zu finden. Erzengel Jophiel, ich danke Dir von ganzem Herzen, so ist es. Amen.

- Lieber Gott, lieber Erzengel Jophiel, ich rufe Euch herbei. Ich danke Euch von ganzem Herzen, dass Eure Führung stets und immer an meiner Seite ist. Geliebter Erzengel Jophiel bitte hilf mir meine Intuition zu schärfen und immer auf meine innere Stimme zu hören. Erzengel Jophiel, ich danke Dir von ganzem Herzen, so ist es. Amen.

- Lieber Gott, lieber Erzengel Jophiel, ich rufe Euch herbei. Ich danke Euch von ganzem Herzen, dafür dass ihr für immer neue wissenschaftliche Erkenntnisse sorgt. Geliebter Erzengel Jophiel bitte hilf mir bei meinen wissenschaftlichen Studien, leicht und einfach zu den richtigen Ergebnissen zum wohle der Menschheit zu gelangen. Erzengel Jophiel, ich danke Dir von ganzem Herzen, so ist es. Amen.

- Lieber Gott, lieber Erzengel Jophiel, ich rufe Euch herbei. Ich danke Euch von ganzem Herzen, für jeden Ort und jeden platz auf dieser Erde wo Frieden herrscht. Geliebter Erzengel Jophiel bitte hilf mir stets im Frieden mit mir selbst und den Menschen in meinem Umfeld zu sein. Erzengel Jophiel, ich danke Dir von ganzem Herzen, so ist es. Amen.

Affirmationen zu den Energien von Jophiel:

- Ich bin immer gut konzentriert, das Lernen fällt mir leicht und geht wie von selbst.
- Ich bin immer in Kontakt mit meiner inneren Weisheit.
- Ich vertraue meiner inneren Stimme und folge meiner Intuition.
- Ich erkenne die Wahrheit in jeder Situation.
- Es fällt mir leicht erlerntes Wissen anzuwenden und in meinem Leben zu integrieren.
- Ich bin vollkommen und absolut in meiner Mitte und meinem inneren Frieden.
- Ich erkenne Probleme stets als Chancen und finde immer eine positive Lösung für jede Situation meines Lebens.
- Es fällt mir leicht mir ein wunderschönes, sauberes und ordentliches Wohnumfeld zu erschaffen.
- Ich bin immer selbstsicher, selbstbewusst und stark.

Erzengel Haniel

Der nächste Erzengel über den wir sprechen wollen ist Erzengel Haniel. Sein Name bedeutet „Die Herrlichkeit Gottes" oder „die Herrlichkeit der Gnade Gottes. Wenn Sie das Gefühl haben, dass in Ihrem Leben alles komplett still zu stehen scheint und Sie keinen Ausweg sehen beziehungsweise an einem Punkt sind, an dem Sie nicht wissen, wie es für Sie weiter gehen soll, oder wie Sie die ganzen Blockaden, Hürden, Hindernisse und Steine auf Ihrem Lebensweg überwinden und beseitigen können, dann sollten Sie sich unbedingt mit Erzengel Haniel und seiner wundervollen Energie verbinden. Erzengel Haniel kann Sie dabei unterstützen durchhalten zu können und Ihnen zu der notwendigen Portion Weitsicht verhelfen, damit Sie Ihr eigentliches Ziel nicht aus den Augen verlieren. Er zeigt Ihnen, dass jede Hürde, jedes Problem auf dem Weg zu Ziel zusätzliche Chancen für Sie beinhaltet und hilft Ihnen zu erkennen worin der Sinn für diese Hürden liegt und welche Wachstumspotenzial dahinter stehen.
In Lebenssituationen, wo wir schwere Schicksalsschläge hinter uns gebracht haben, welche Wunden in Ihnen hinterlassen haben, dann sollten Sie Erzengel Haniel anrufen, denn seine Energie kann Ihnen Trost spenden, Ihre Wunden heilen und Ihnen helfen, sich von diesem Schicksalsschlag nicht so sehr herunter ziehen zu lassen und jede auch noch so traumatische Lebenserfahrung zu überwinden.
Gehören Sie vielleicht zu jenen Menschen, die dazu neigen sich selbst immer wieder klein zu denken und sich unter andere Menschen zu stellen? Wenn ja, dann brauchen Sie Erzengel Haniels Energie ganz dringend. Denn er kann Ihnen Wege zur Selbstliebe aufzeigen und Sie wieder an Ihre wahre Größe

erinnern. Erzengel Haniels Energie wird Ihnen helfen, wieder zu sehen und zu erkennen, wie wunderbar sie in Wahrheit sind und dass unser aller Schöpfer sie absolut perfekt nach seinem Bilde geschaffen hat und Sie ganz klar genau so richtig sind, wie Sie sind! Denn eines ist doch klar und ich denke da sind wir uns einig, Gott macht keine Fehler, sondern jede seiner Schöpfungen ist Perfekt und somit selbstverständlich auch Sie. Mit Hilfe von Erzengel Haniels Energie können Sie erkennen, welche Kraft und Größe Sie in Wahrheit besitzen, dass der göttliche Funke immer und jederzeit in Ihnen wohnt. Durch dieses erkennen werden Sie mit Haniels Hilfe aus Ihrem göttlichen Funken eine lodernde Flamme erschaffen und dadurch Ihr vollständiges, göttliches Potenzial erwecken, so dass Sie es zum Wohle aller einsetzen können.

Sollten Sie momentan in negativen Gedankenmustern feststecken und alles nur grau in grau sehen, also alles in Ihrem Leben nur noch von der negativen Seite betrachten oder alles schöne runter Spielen, dann kann Erzengel Haniel Ihnen mit seiner Energie helfen, Ihre Augen wieder für die Schönheit um Sie herum zu öffnen und wieder zu erkennen, wie viele wunderbare Dinge es auf Gottes Erde gibt. Er kann Ihnen helfen sich aus diesen negativen Denkmustern, in denen Sie vielleicht feststecken zu befreien und wieder die unendliche und bedingungslose Liebe, unseres Schöpfers zu sehen in allem was existiert, in allem was Gott für uns Menschen geschaffen hat. Erzengel Haniel kann Ihnen zeigen dass auf dieser Welt alles Perfekt ist und dass das positive in unser aller Leben immer überwiegt. Durch die Auflösung dieser Muster kann Erzengel Haniel Ihnen beibringen sich selbst, anderen Mensch und natürlich unserem wunderbaren Schöpfer wieder zu vertrauen.

Eines von Erzengel Haniels Hauptanliegen, ist es uns Menschen zu lehren mit der gesamten Schöpfung liebevoll und behutsam umzugehen und uns für die Ressourcen unseres wundervollen Planeten einzusetzen. Er kann Ihnen ein Umwelt- und Klimafreundliches Bewusstsein schenken und Ihnen helfen, dieses in Ihr Leben zu integrieren und weiterzugeben. Er wird Sie in diesem Zusammenhang lehren, dass wir alle Lebewesen, Mensch und Tier, immer nur genauso behandeln sollten, wie wir es für uns selber wünschen. Umwelt- und Klimabewusstsein, dies möchte ich noch betonen, muss natürlich nicht heißen, dass Sie morgen auf die Straße gehen und sich gegen die Umweltverschmutzung kämpferisch zur Wehr setzen, sondern dies beginnt im kleinen bei jedem einzelnen, zum Beispiel kann es sein dass Sie viel konsequenter Ihren Müll trennen, Sie sich entschließen nur noch Biokost zu sich zu nehmen eventuell sogar eine vegetarische oder vegane Ernährung in Ihr leben zu integrieren.

Wenn Sie wünsche in Universum, also an Gott und die Engel richten unterstützt Erzengel Haniel die Erfüllung Ihrer Herzenswünsche und zwar insofern, als dass er Ihren Geist klärt und reinigt und dadurch die Informationen aus der geistigen Welt, die für Ihre Wunscherfüllung wichtig ist, ungehindert zu Ihnen fließen kann. Durch diese Klärung Ihres Geistes kann Erzengel Haniel dafür sorgen, dass alle Informationen, die Sie brauchen für Sie zugänglich sind, damit Ihre Wünsche erfüllt werden und Sie klar sehen welche Schritte zu tun hier nötig ist. Außerdem sorgt Erzengel Haniel dafür, dass durch die Klärung Ihres Geistes Ihre Gedanken und Gefühle mehr Leichtigkeit erhalten und somit leichter in den Himmel aufsteigen können, wodurch es ihnen um ein vielfaches leichter fallen wird zu manifestieren, also Ihre Wünsche und Gedanken in die

materielle Welt zu bringen. Ein ganz wichtiger Impuls den Erzengel Haniel lehrt ist, dass alles was Sie und ich erschaffen auch immer voll und ganz unserer eigenen Verantwortung unterliegt, dies bedeutet wir sollen uns stets genau überlegen, was wir uns wünschen beziehungsweise mit unseren Gedanken erschaffen und welche folgen aus unseren Wünschen für alle entstehen werden. Ich empfehle immer bei jedem Wunsch, den wir ins Universum richten, den Nachsatz, „zum höchsten Wohle aller beteiligten Personen" hinzu zu fügen.
Chakra: Erzengel Haniel ist zuständig für Ihr Nabelchakra
Farbe: Rosa

Für welche Lebensbereiche ist Erzengel Haniel zuständig?

- Sollten Sie den Eindruck oder das Gefühl haben, mit Ihrem inneren Wissen und Ihrer Weisheit am Ende zu sein und entsprechend nicht wissen, was Sie noch tun können, kann Ihnen Erzengel Haniel die passenden Eingebungen geben, die Sie in dieser Lebenssituation benötigen, um weiter und dementsprechend Ihrem Ziel näher zu kommen.

- Sollten Sie gerade einen schweren Schicksalsschlag oder eine schwehre Enttäuschung hinter sich gebracht haben, die Sie nur schwer überwinden können, dann kann Ihnen Erzengel Haniel den Trost spenden, den Sie brauchen, um diese Ereignisse verarbeiten zu können.

- Wenn sie schon länger den Impuls haben neue Lebenswege gehen zu wollen udn Ihrem Leben eine neue Richtung geben möchten, kann Erzengel Haniel Ihnen helfen alle Zweifel hinter sich zu lassen und mit Mut und Zuversicht voran zu gehen.

- Vielleicht haben Sie eine große oder großartige neue Idee und möchten diese gerne umsetzen, wissen aber nicht genau, wie Sie dies erreichen oder schaffen können. Hier kann Ihnen Erzengel Haniel helfen die notwendigen Schritte zu gehen und Wege einzuleiten und Ihnen das Durchhaltevermögen schenken, welches Sie brauchen, damit Sie Ihr Ziel erreichen, Ihre Idee Wirklichkeit werden zu lassen.

- Sollten Sie aufgrund innerer, selbst erschaffener Blockaden und Barrieren, keinen Blick für sich selbst und Ihre wahren Fähigkeiten und Potenziale haben, kann Erzengel Haniel Ihnen bei der Auflösung dieser Blockaden helfen, damit Ihre Fähigkeiten wieder zum Vorschein kommen können.

- Wenn Sie dazu neigen sich immer wieder klein zu denken, sich selbst unter Ihr Licht zu stellen, dann kann Erzengel Haniel Ihnen dabei Helfen Ihre eigene Größe wieder zu erkennen und diese zu leben.

- Vielleicht haben Sie ein mangelndes Selbstbewusstsein und Selbstwertgefühl. Sollte dies der Fall sein kann Erzengel Haniel Ihnen helfen, die Eigenliebe in Ihnen zu stärken und wieder aufzubauen.

- Erzengel Haniel kann Ihnen helfen, Lebenssituationen klarer zu sehen und erkennen zu können, also hinter den Schleier der Illusionen blicken zu können.

Gebete zu Erzengel Haniel

Grundsätzlich ist es, wie Sie ja bereits wissen vollkommen egal, wie Sie beten und ein einfaches "Erzengel Haniel hilf mir" reicht natürlich vollkommen aus, dennoch möchte ich Ihnen einige Gebete vorstellen, die Ihnen das Beten zu Erzengel Haniel erleichtern können.

- Lieber Gott, lieber Erzengel Haniel, ich rufe Euch herbei. Ich danke Euch von ganzem Herzen, dass Ihr mir stets mit Eurem Rat zur Seite steht. Geliebter Erzengel Haniel, ich bitte Dich von ganzem Herzen gib mir immer die Eingebungen die ich brauche, um in meinem Leben weiter zu kommen Erzengel Haniel, ich danke Dir von ganzem Herzen, so ist es. Amen.

- Lieber Gott, lieber Erzengel Haniel, ich rufe Euch herbei. Ich danke Euch von ganzem Herzen, für Eure Liebe und wärme, mit der Ihr mir immer zur Seite steht. Geliebter Erzengel Haniel, ich bitte Dich von ganzem Herzen gib mir Trost und kraft, diesen schweren schicksalschlag... (beschreiben Sie die Situation) überwinden zu können und daraus das beste für mich zu machen. Erzengel Haniel, ich danke Dir von ganzem Herzen, so ist es. Amen.

- Lieber Gott, lieber Erzengel Haniel, ich rufe Euch herbei. Ich danke Euch von ganzem Herzen, dafür dass ich mich immer und jederzeit auf Euch stützen darf. Geliebter Erzengel Haniel, ich bitte Dich von ganzem Herzen gib mir den Mut und die Zuversicht meine neuen Lebenswege beschwingt zu beschreiten. Erzengel Haniel, ich danke Dir von ganzem Herzen, so ist es. Amen.

- Lieber Gott, lieber Erzengel Haniel, ich rufe Euch herbei. Ich danke Euch von ganzem Herzen, für alle Ideen und Eingebungen, die ich durch Euch bekommen darf. Geliebter Erzengel Haniel, ich bitte Dich von ganzem Herzen schenke mir das Durchhaltevermögen, dass ich brauche, um meine wundervollen Ideen in die Tat um zu setzen. Erzengel Haniel, ich danke Dir von ganzem Herzen, so ist es. Amen.

- Lieber Gott, lieber Erzengel Haniel, ich rufe Euch herbei. Ich danke Euch von ganzem Herzen, für alle Fähigkeiten, Gaben und Talente, die mir in diesem Leben geschenkt wurden. Geliebter Erzengel Haniel, ich bitte Dich von ganzem Herzen löse alle in mir und durch mich selbst geschaffenen Blockaden auf, damit ich meine wahre Größe wieder erkennen kann und meine Fähigkeiten wieder voll und ganz leben kann. Erzengel Haniel, ich danke Dir von ganzem Herzen, so ist es. Amen.

Affirmationen zu den Energien von Haniel:

- Ich blicke immer hinter den Schleier der Illusion und erkenne in jeder Situation das Positive.

- Ich bin immer in Kontakt mit meiner inneren Weisheit.

- Ich gehe mutig und zuversichtlich und mit Freude immer wieder neue Wege in meinem Leben.

- Ich habe stets die Geduld und das Durchhaltevermögen meine Ideen Wirklichkeit werden zu lassen.

- Ich bin von göttlicher Größe und die Nummer eins in meinem Leben.

- Ich bin immer mit der göttlichen Quelle verbunden und mein göttliches Bewusstsein wird mit jedem Tag meines Lebens größer.

- Ich erkenne stets meine wahre Größe.

- Ich sehe und lebe meine wahren Fähigkeiten und Potenziale.

Erzengel Raziel

Nun möchte ich Ihnen den Engel der spirituellen und esoterischen Weisheit und Geheimnisse vorstellen. Erzengel Raziels Name bedeutet, „Geheimnis Gottes". Wie sein Name bereits vermuten lässt, kennt Erzengel Raziel alle Geheimnisse des Universums und des Kosmos. Er bringt allen Menschen, wenn wir ihn darum bitten sämtliche spirituelle und esoterische Informationen und ist in der Lage uns die wunderbaren Geheimnisse unseres Schöpfers zu offenbaren, wenn wir offen dafür sind.
Erzengel Raziel wird auch häufig der göttliche Magier genannt, auf Bildern wird er häufig mit Magischen Instrumenten und einem langen weißen Bart, der seine Weisheit symbolisieren soll, dargestellt. Erzengel Raziel kann Ihnen bei jeder Form der Manifestationsarbeit helfen. Also er unterstützt uns dabei unsere Gedanken und Wünsche in die materielle Welt zu bringen und zeigt uns Wege auf, wie wir Menschen unsere Herzenswünsche Wirklichkeit werden lassen können.

    Erzengel Raziel ist außerdem der Engel des Karmas und der früheren Leben. Er kann uns bei Rückführungen helfen und uns zeigen, welche Aspekte aus einem früheren Leben für unser jetziges Leben noch von Bedeutung sind und uns helfen altes Karma endgültig aufzulösen. Dazu gehört auch das auflösen von alten Schwüren und Gelübden (zum Beispiel: Armutsgelübde, Keuschheitsgelübde und so weiter).
Wenn Sie einer spirituellen Arbeit nachgehen oder nachgehen wollen, dann ist Erzengel Raziel sicherlich stets Ihr richtiger und passender Ansprechpartner , denn er ist der Helfer für alle esoterisch oder spirituell arbeitenden Menschen und auch von jenen, die wiederum spirituellen Rat suchen. Als solcher hilft er

allen Menschen, die in der spirituellen Branche tätig sind, in dem er ihnen alle esoterischen Informationen zur Verfügung stell, die sie benötigen. Also Erzengel Raziel unterstützt alle hell sehenden, hell fühlenden, klar wissenden und hell hörenden Menschen bei Ihrer Arbeit, so wie alle Menschen unter uns, die sich mich mit Themen aus der Alchemie oder Astrologie befassen. In der Allchemie kann er insbesondere bei der Suche nach dem Stein der Weisen unterstützen, damit diese besondere Suche von Erfolg gekrönt sein wird.

Erzengel Raziel ist außerdem für alle Aufstiegsprozesse zuständig und kann uns Menschen dabei helfen frei von unserem Ego zu werden, um dadurch den höchsten seelischen Aufstieg zu durchleben. Er will uns dabei helfen zu erkennen das alles was auf dieser Erde existiert aus der reinen Energie von Licht und Liebe besteht. Erzengel Raziel kann uns lehren, dass wir nur zum wahrhaftigen inneren Frieden gelangen können, wenn wir uns dem großartigen Licht und der Liebe in uns selbst, welche uns von unserem Schöpfer geschenkt wurde, voll und ganz öffnen und durch diesen wundervollen Prozess unsere gesamten Egoaspekte ablegen.

Chakra: Erzengel Raziel ist zuständig für Ihr drittes Auge/ Stirnchakra

Farbe: Leuchtendes weiß mit orange

Für welche Lebensbereiche ist Erzengel Raziel zuständig?

- Wenn Sie sich mit Themen aus den Bereichen Alchemie, Astrologie beschäftigen oder Sie sich auf der Suche nach dem Stein der Weisen befinden, kann Erzengel Raziel Ihnen helfen, ihnen das nötige Wissen zu geben, damit all Ihre Bemühungen erfolgreich sind.

- Wenn Sie Ihre hellsichtigen, klarwissenden, hellfühligen oder hellhörigen Begabungen auf- oder ausbauen möchten kann Erzengel Raziel Ihnen dabei helfen, das volle Potenzial Ihrer spirituellen Begabungen zu entfalten und aufzubauen.

- Sollte Ihr Anliegen sein, Ihre Wünsche, Gedanken und Gefühle Realität werden zu lassen, kann Erzengel Raziel, wenn Sie ihn darum bitten, Ihnen dabei behilflich sein das positive Manifestieren zu erlernen, damit Sie all Ihre positiven Wünsche in die materielle Welt bringen können.

- Erzengel Raziel, kann Ihnen dabei helfen und Sie unterstützen, die außersinnlichen Fähigkeiten in Ihnen zu entwickeln, hervor zu holen und diese weiter zu entwickeln und auszubauen.

- Erzengel Raziel kann Ihnen alle Geheimnisse und spirituellen Informationen des Universums zukommen lassen.

- Sollte Ihr Anliegen sein, die geistigen Gesetze und die Magie unseres Schöpfers zu verstehen und anzuwenden, kann Erzengel Raziel Ihnen bei diesem Prozess behilflich sein und Ihnen das notwendige Lichtbewusstsein beibringen.

Gebete zu Erzengel Raziel

Grundsätzlich ist es, wie Sie ja bereits wissen vollkommen egal, wie Sie beten und ein einfaches "Erzengel Raziel hilf mir" reicht natürlich vollkommen aus, dennoch möchte ich Ihnen einige Gebete vorstellen, die Ihnen das Beten zu Erzengel Raziel erleichtern können.

- Lieber Gott, lieber Erzengel Raziel, ich rufe Euch herbei. Ich danke Euch von ganzem Herzen, für all das Wissen welches Ihr uns Menschen zur Verfügung stellt. Geliebter Erzengel Raziel, Ich bitte Dich unterstütze mich bei meinen Studien im Bereich der Alchemie und Astrologie und hilf mir den Stein der Weisen zu finden. Erzengel Raziel, ich danke Dir von ganzem Herzen, so ist es. Amen.

- Lieber Gott, lieber Erzengel Raziel, ich rufe Euch herbei. Ich danke Euch von ganzem Herzen, für alle außersinnlichen Gaben und Talente, welche mir in diesem Leben geschenkt wurden. Geliebter Erzengel Raziel, Ich bitte Dich hilf mir meine Gaben des Helsehens, Hellfühlens, Klarwissens und Hellhörens zum vollen Umfang auszubauen und weiterzuentwickeln. Erzengel Raziel, ich danke Dir von ganzem Herzen, so ist es. Amen.

- Lieber Gott, lieber Erzengel Raziel, ich rufe Euch herbei. Ich danke Euch von ganzem Herzen, dafür dass ich Denken, Fühlen und Handeln kann. Geliebter Erzengel Raziel, Ich bitte Dich hilf mir meine natürliche Fähigkeit zu manifestieren zum vollen Umfang auszubauen. Erzengel Raziel, ich danke Dir von ganzem Herzen, so ist es. Amen.

- Lieber Gott, lieber Erzengel Raziel, ich rufe Euch herbei. Ich danke Euch von ganzem Herzen, für die unschätzbaren Geheimnisse des Universums. Geliebter Erzengel Raziel, Ich bitte Dich, mir alle Geheimnisse des Universums und das damit verbundene spirituelle Wissen zu offenbaren, damit ich es zum höchsten Wohle der Menschheit anwenden kann. Erzengel Raziel, ich danke Dir von ganzem Herzen, so ist es. Amen.

Affirmationen zu den Energien von Raziel:

- Ich trage das gesamte spirituelle Wissen des Universums in mir.

- Ich kenne die göttlichen Gesetze und es fällt mir leicht sie umzusetzen und einzuhalten.

- Ich kann Gefahrlos sehen.

- Meine spirituellen Talente sind vollständig erwacht.

- Alle meine positiven Wünsche, die ich für mich und anderer habe, erfüllen sich hier und jetzt.

- Mein drittes Auge ist vollständig geöffnet

- Ich bin stets im Einklang mit meinem Schöpfer und dem gesamten Universum.

- Ich bin in vollkommenr Resonanz mit den Energien der Engel.

Erzengel Raguel

Nun kommen wir zu dem Erzengel, dessen Energie wirkt, wie die eines guten Freundes, was uns schon sein Name verrät. Erzengel Raguels Name bedeutet „Freund Gottes". Eine seiner Aufgaben besteht darin über alles Gute und positive in der Welt zu wachen. Wenn Sie Erzengel Raguel begegnen möchten, können Sie dies überall dort, wo viele Bäume sind, also zum Beispiel in Wäldern, denn Erzengel Raguels Energie manifestiert sich in den Bäumen. Erzengel Raguels Energie ist unendlich tröstend und er gibt uns Kraft in scheinbar schwer zu bewältigenden Lebensphasen.

Wie alle Befinden uns aktuell in einem Prozess der Veränderung, die Welt befindet sich im Wandel und es wird ein Lichtbewusstsein entstehen. In diesem wunderbaren Evolutionsprozess ist Erzengel Raguel der richtige Begleiter, der uns hilft auch unsere körperlichen Bedürfnisse nicht zu vernachlässigen. Er hilft uns dabei all unsere Chakren, welches die Energiezentren unseres Seins darstellen in Ausgleich zu halten, damit Körper Geist und Seele stets im Einklang miteinander schwingen können und wir keinen Bereich unseres Lebens vernachlässigen.

Vielleicht kennen Sie das ja: In manchen Lebensphasen fällt es uns Menschen sehr schwer uns selbst und vor allem unseren Körper wirklich fühlen und ihn komplett wahrnehmen zu können. Wenn dies bei Ihnen der Fall sein sollte, kann Erzengel Raguel, wenn Sie ihn darum bitten, Ihnen helfen die Perfektion und Schönheit, in der Gott Sie und Ihren Körper erschaffen hat wieder zu erkennen, diese wieder wahrzunehmen und in vollsten Zügen zu genießen, so dass Sie sich im wahrsten Sinne des Wortes wieder wohl in Ihrer Haut fühlen.

Erzengel Raguel hilft Ihnen außerdem dabei, wenn Sie sich mit spirituellen Themen beschäftigen nicht abzuheben, sondern immer den Boden unter Ihren Füßen zu behalten und somit immer Ihre Bodenhaftung zu haben. Dies kann man sich sehr einfach merken, denn wie gesagt seine Energie manifestiert sich in den Bäumen, die Ihre Wurzeln ja stets tief in der Erde haben und Ihre Zweige im Himmel, also eifern Sie doch einfach diesem Bild nach, Kopf und Arme in den Himmel und Füße auf den Boden, dann sind Sie immer gut geerdet und wenn Sie das Gefühl haben dies alleine nicht hinzubekommen, dann bitten Sie einfach Erzengel Raguel um seine Hilfe.
Chakra: Erzengel Raguel ist zuständig für Ihr Halschakra
Farbe: Helles grün, leuchtendes rot

Für welche Lebensbereiche ist Erzengel Raguel zuständig?

- Zu allen Zeiten dann wenn Sie Kraft und Trost brauchen kann Erzengel Raguel Ihnen helfen, dies zu finden, wenn Sie ihn um seine Hilfe bitten.

- Wenn Sie sich gerade in einem spirituellen Aufstiegsprozess befinden, kann Erzengel Raguel Ihnen dabei helfen, auch Ihre Körperlichen Bedürfnisse im Auge zu behalten, diese zu erfüllen und gut auf Ihren Körper zu achten und für ihn zu sorgen.

- Erzengel Raguel, kann, wenn Sie ihn darum bitten all Ihre Chakren reinigen, öffnen und dafür sorgen, dass Ihre Energiezentren stets im Ausgleich miteinander schwingen.

- Sollten Sie mit spirituellen Energien arbeiten und sich in Aufstiegsprozessen befinden, kann Erzengel Raguel dafür sorgen, dass Sie immer Ihre Bodenhaftung behalten, sinnbildlich mit Mutter Erde gut verwurzelt und somit gut geerdet sind.

- Erzengel Raguels Energie kann Ihnen helfen, sich wieder wohl in Ihrer Haut zu fühlen und Ihren Körper vollkommen zu lieben, so wie er von Gott geschaffen wurde.

Gebete zu Erzengel Raguel

Grundsätzlich ist es, wie Sie ja bereits wissen vollkommen egal, wie Sie beten und ein einfaches "Erzengel Raguel hilf mir" reicht natürlich vollkommen aus, dennoch möchte ich Ihnen einige Gebete vorstellen, die Ihnen das Beten zu Erzengel Raguel erleichtern können.

- Lieber Gott, lieber Erzengel Raguel, ich rufe Euch herbei. Ich danke Euch von ganzem Herzen für die wunderbare Natur, die Bäume und Wälder, die auf dieser Erde existieren. Geliebter Erzengel Raguel, Ich bitte Dich hilf mir bei meinem spirituellen Aufstiegsprozess immer gut mit Mutter Erde verbunden zu sein, gut geerdet zu sein und immer auch meine körperlichen Bedürfnisse im Auge zu behalten und gut für meinen Körper zu sorgen, Erzengel Raguel ich danke Dir von ganzem Herzen, so ist es. Amen.

- Lieber Gott, lieber Erzengel Raguel, ich rufe Euch herbei. Ich danke Euch von ganzem Herzen, für die wunderbare Lebensenergie, die mir zur Verfügung gestellt wurde. Geliebter Erzengel Raguel, ich bitte Dich reinige meine Chakren, öffne und Sie und sorge dafür, dass Sie immer im Einklang miteinander schwingen. Erzengel Raguel ich danke Dir von ganzem Herzen, so ist es. Amen.

Affirmationen zu den Energien von Raguel:

- Ich bin immer gut geerdet und fühle mich stets mit Mutter Erde verbunden.

- Mein Körper ist wundervoll und ich liebe ihn genau so, wie er ist.

- Meine Chakren sind immer gereinigt und offen und schwingen im Einklang miteinander.

- Jede Zeit der Trauer gibt mir die Chance stärker zu werden.

- Ich bin im Einklang mit der Energie der Bäume und Wälder

- Ich sorge immer gut für meinen Körper.

- Mein Körper, mein Geist und meine Seele sind stets im Einklang miteinander verbunden.

Erzengel Jeremiel

Kommen wir nun zu Erzengel Jeremiel, sein Name bedeutet "Gnade Gottes" Eine seiner Augaben besteht darin die Menschen dahingehend zu inspirieren, dass sie ihr leben der spiritualität widmen.
Er ist gemeinsam mit Erzengel Raziel zuständig dafür, dass alle Menschen, die es möchten spirituelle Weisheit erlangen.
Er hilft allen Mensch bei ihren spirituellen Wachstumsprozessen. Wenn Sie mir Erzengel Jermiels Energie arbeiten, werden sie eine Energiewelle der Begeisterung erhalten, bei jedem Thema, dass mit göttlicher und reiner spiritualität zu tun hat.
Erzengel Jeremiel ist außerdem Zuständig für göttliche Visionen, er kann also Ihre inneren und äußeren Visionen stärken und Ihnen helfen, wenn Sie ihn darum bitten klare Visionen aus der göttlichen Quelle zu Ihnen zu bringen und somit Ihre Fähgkeit zur Engelkommunnikation stärken.
Auch gilt Erzengel Jeremiel als der Engel, der prophetischen Visionen und hellsichtigen Träume, wenn Sie also Antworten von der göttlichen Quelle wünschen, die in Form von klaren Visionen oder über Ihre Träume zu Ihnen kommen, dann sollten Sie sich unbedingt an ihn wenden, denn wie alle anderen Engel hat natürlich auch Erzengel Jeremiel nur eines im Sinn, nämlich Sie mit seiner ganzen bedingungslosen Liebe zu helfen und zu unterstützen. Dementsprechend, wenn Sie klare und visionäre Führung und Leitung für Ihre Zukunft wünschen bitten Sie ganz

einfach Erzengel Jeremiel darum, Ihnen diese zu geben und in Ihre Träume zu kommen.

Wann immer Sie sich auf Ihrem spirituellem Wege festgefahren fühlen und Motivation benötigen wird Erzengel Jeremiel Sie sehr gerne zurück auf Ihren göttlichen Pfad führen.

Chakra: Erzengel Jeremiel ist zuständig für Ihr Kronenchakra

Farbe: violett

Für welche Lebensbereiche ist Erzengel Jermiel zuständig?

- Wenn Sie sich spirituell festgefahren führen, dann kann Erzengel Jermiel Ihnen helfen, wieder zurück in Ihr spirituelles Wachstum zu finden.

- Erzengel Jeremiel motiviert Sie sehr gerne bei allen Themen rund um Ihre göttliche Lebensaufgabe.

- Wann immer Sie eine göttliche Vision brauchen, wird Erzengel Jeremiel, diese sehr gerne zu Ihnen bringen.

- Erzengel Jeremiel kann visionäre Träume zu Ihnen bringen und Ihnen die Gabe der Prophetischen Vision schenken.

Gebete zu Erzengel Jeremiel

Grundsätzlich ist es, wie Sie ja bereits wissen vollkommen egal, wie Sie beten und ein einfaches "Erzengel Jeremiel hilf mir" reicht natürlich vollkommen aus, dennoch möchte ich Ihnen einige Gebete vorstellen, die Ihnen das Beten zu Erzengel Uriel erleichtern können.

- Lieber Gott, lieber Erzengel Jermiel, ich rufe Euch herbei. Ich danke Euch von ganzem Herzen, dass ihr bei mir seit auf meinem spirituellen Weg. Geliebter Erzengel Jermiel bitte hilf mir bei all meinen spirituellen lern- und wachstumsprozessen Erzengel Jeremiel, ich danke Dir von ganzem Herzen, so ist es. Amen.

- Lieber Gott, lieber Erzengel Jeremiel, ich rufe Euch herbei. Ich danke Euch von ganzem Herzen, für eure liebevolle Führung in meinem Leben. Geliebter Erzengel Jeremiel komm in meine Träume und trage visionäre Träume, meine Zukunft betreffend zu mir. Erzengel Jeremiel, ich danke Dir von ganzem Herzen, so ist es. Amen.

Affirmationen zu den Energien von Erzengel Jeremiel:

- Klar und deutliche bekomme ich göttliche Visionen.

- Meine Träume sind erfüllt von göttlichen Visionen, die meine Zukunft betreffen.

- Ich gehe mit liebe und Hingabe meinen spirituellen Weg.

- Ich erkenne meine göttliche Lebensaufgabe und erfülle diese mit meinem ganzem Herzen in diesem Leben.

- Mein Leben ist inspiriert von den Engeln

- Ich widme mein Leben dem spirituellen Service.

- Ich sehe in allem stets das Göttliche und genieße die Schönheit der Natur.

- Ich bin immer ruhig und gelassen und handle stets aus meiner inneren Mitte.

Erzengel Ariel

Jetzt kommen wir zu dem Erzengel, der von allen existierenden Engeln für uns Menschen am leichtesten wahrzunehmen ist. Erzengel Ariels Name bedeutet „Löwe Gottes. Er hat von allen Engeln die grobstofflichste Energie und ist für uns Menschen durch diese Tatsache am einfachsten wahrzunehmen und zu sehen. Dass Erzengel Ariel in der Nähe ist, erkennen Sie in der Regel daran, dass Sie plötzlich Bilder und Visionen von wilden Tieren bekommen, zum Beispiel von Löwen, Wölfen, Tigern und so weiter. Dies hängt damit zusammen, dass alle Tiere, inklusive Ihrer Haustiere zu Erzengel Ariels Zuständigkeitsbereich zählen. Wenn Sie ihn darum bitten, wird sich Erzengel Ariel gerne mit seinem Licht und seiner unendlichen Liebe um das wohl Ihrer Haustiere kümmern und er kann in diesem Zusammenhang dafür sorgen, dass eine mentale Kommunikationsebene zwischen Ihnen und Ihrem Haustier entsteht, so dass Sie immer wissen, was mit Ihrem Liebling los ist und was es braucht, also dass Sie immer die wahren Bedürfnisse Ihres Haustieres erkennen und spüren können und Ihrem Tier dann immer genau das geben können, was es braucht.
Wenn Sie sich in einer schwierigen Lebenssituation befinden, in der Sie sich schuldig fühlen oder sogar selbst verurteilen, kann Erzengel Ariel Ihnen helfen alle Schuldgefühle hinter sich zu lassen und dadurch wieder zu mehr Lebensfreude und Lust am Leben zu kommen. Also sich selbst zu vergeben. Eines seiner Anliegen ist es, uns Menschen zu lehren das Wort „Schuld" komplett aus unserem Wortschatz zu streichen, also zu erkennen, dass es auf dieser Welt keinerlei Schuld gibt, sondern nur Eigenverantwortung, denn jeder Mensch ist an jedem Tag

Schöpfer seiner Realität. Wir sollen also begreifen, dass Schuld eine Illusion ist, wir aber für alles was in unserem Leben geschieht komplett selbst verantwortlich sind. Er kann uns lehren aus den sogenannten Fehlern, die wir gemacht haben den größten nutzen für uns zu ziehen und uns helfen, daraus zu lernen und daran zu wachsen anstatt uns selbst zu verurteilen oder uns selbst zu bemitleiden.

Wie wir alle wissen ist das Leben auf dem Schulungsplaneten Erde immer voller Prüfungen, Aufgaben und Herausforderungen, die wir zu bewältigen haben und die beileibe nicht immer einfach sind und wo wir Menschen durchaus auch mal in negative Denkmuster verfallen können. Erzengel Ariel kann uns helfen, wenn wir ihn darum bitten, positiv und im Licht zu bleiben, auch in den allergrößten Lebenskrisen, also kann er verhindern, dass wir dem Schatten verfallen, der zwar anfänglich sehr verführerisch wirken kann, allerdings, wenn wir uns ihm zuwenden immer im Ergebnis zu größtem Schaden führen wird. Erzengel Ariel kann uns zeigen wie unendlich schön es ist im Licht unseres Schöpfers zu bleiben, Gott vollkommenes Vertrauen zu schenken und mit seiner Hilfe aus jeder noch so groß erscheinenden Krise heraus zu finden.

Chakra: Erzengel Ariel ist zuständig für Ihre Handchakren
Farbe: Silber

Für welche Lebensbereiche ist Erzengel Ariel zuständig?

- Erzengel Ariels Energie kann Ihnen helfen, wenn Sie ihn darum bitten Ihrer eigenen Person und allen anderen Lebewesen auf Gottes Erde immer mit Licht, Liebe und Respekt zu begegnen.

- Wenn Sie in einer Phase sind, in der Sie sich selbst ablehnen , kann Erzengel Ariel Ihnen helfen, sich selbst wieder mit Verständnis und Liebe begegnen zu können und durch diese Tatsache Ihr Leben wieder mit Freude und Spaß zu führen.

- Sollten Sie aktuell von Schmerz- und Leidvollen Prozessen in Ihrem Leben geplagt sein, kann Erzengel Ariel, wenn Sie ihn darum bitten, Ihnen Ihre Lasten von den Schultern nehmen und sie dadurch von dem Leid befreien.

- Erzengel Ariels Energie kann Sie lehren, statt mit den Ohren und Augen, mit Ihrem Herzen zu sehen und hören und dadurch wahres Mitgefühl für sich selbst und alle anderen Menschen zu entwickeln.

- Auch wenn Sie unter noch so tiefem Kummer leiden, kann Erzengel Ariel Ihnen helfen, diesen Schmerz in Ihnen durch Eigenliebe vollständig in die Heilung zu bringen.

- Wenn Sie Haustiere haben, kann Erzengel Ariel Ihnen helfen, durch eine mentale Verbindung die wahren Bedürfnisse Ihrer Lieblinge zu verstehen.

- Sollten Sie unter Schuldgefühlen und Selbstvorwürfen leiden, kann Erzengel Ariels Energie Ihnen helfen da raus zu kommen und diese in Eigenverantwortung umzuwandeln.

- Bei allen Prüfungen, die da Leben mit sich bringt kann Erzengel Ariel Ihnen helfen, diese mit Freude zu meister und zu bestehen.

Gebete zu Erzengel Ariel

Grundsätzlich ist es, wie Sie ja bereits wissen vollkommen egal, wie Sie beten und ein einfaches "Erzengel Ariel hilf mir" reicht natürlich vollkommen aus, dennoch möchte ich Ihnen einige Gebete vorstellen, die Ihnen das Beten zu Erzengel Ariel erleichtern können.

- Lieber Gott, lieber Erzengel Ariel, ich rufe Euch herbei. Ich danke Euch von ganzem Herzen, für Eure unendliche und bedingungslose Liebe, die mir jeden Tag zu Teil wird. Geliebter Erzengel Ariel, Ich bitte Dich hilf mir mir selbst und allen Menschen in meinem Umfeld stets mit göttlicher Liebe und vollkommenen Respekt zu begegnen. Erzengel Ariel ich danke Dir von ganzem Herzen, so ist es. Amen.

- Lieber Gott, lieber Erzengel Ariel, ich rufe Euch herbei. Ich danke Euch von ganzem Herzen, dafür dass ich mich in Eurer Energie immer und jederzeit verstanden fühlen darf. Geliebter Erzengel Ariel, ich bitte Dich dass ich für mich selbst immer und jederzeit Verständnis habe und meinem Leben immer mit Freude begegnen kann. Erzengel Ariel ich danke Dir von ganzem Herzen, so ist es. Amen.

- Lieber Gott, lieber Erzengel Ariel, ich rufe Euch herbei. Ich danke Euch von ganzem Herzen, für alles positive, was in meinem Leben geschieht durch Eure Hilfe. Geliebter Erzengel Ariel, Ich bitte Dich hilf mir jeden Schmerz und alles Leid loszulassen und nimm mir jede Last von den Schultern. Erzengel Ariel ich danke Dir von ganzem Herzen, so ist es. Amen.

- Lieber Gott, lieber Erzengel Ariel, ich rufe Euch herbei. Ich danke Euch von ganzem Herzen, dafür dass Ihr immer mit Eurem unendlichen Mitgefühl an meiner Seite seit. Geliebter Erzengel Ariel, Ich bitte Dich hilf mir alles mit meinem Herzen zu hören und zu sehen und dadurch vollkommenes Mitgefühl für mich und andere zu entwickeln. Erzengel Ariel ich danke Dir von ganzem Herzen, so ist es. Amen.

Affirmationen zu den Energien von Ariel:

- Ich gehe mit mir und allen Menschen stets respektvoll um.

- Ich habe für meine eigene Person immer vollkommene Liebe und absolutes Verständnis.

- Mein Leben ist erfüllt von Freude und unendlicher göttlicher Liebe.

- Ich sehe und höre alles mit dem Herzen.

- Ich habe eine mentale Verbindung zu meinen Haustieren und weiß immer, was sie brauchen.

- Ich bin an jedem Tag meines Lebens Schöpfer meiner Realität.

Erzengel Azrael

Nun kommen wir zu dem Engel der am häufigsten missverstanden wird. Erzengel Azraels Name bedeutet „wem Gott hilft". Dass Erzengel Azrael so misstverstenden wird rührt daher, dass er der sogenannte Todesengel ist und somit der Erzengel, der die verstorbenen Seelen abholt und ins Licht führt, aber er ist noch viel mehr. Er begleitet die Menschen, welche die Erde verlassen dürfen und ins Licht Reisen bereits ab der ersten Sekunde des Sterbeprozesses, um ihnen den Übergang und das Abschiednehmen vom irdischen Dasein zu erleichtern. Nach dem dahin scheiden schließlich nimmt er wie bereits erwähnt die Seelen liebevoll an seine Hand und führt sie ins Licht zum Schöpfer.
Erzengel Azrael ist aber nicht nur für die verstorbenen Seelen da, sondern auch für die Hinterbliebenen. Er kann uns helfen Trost zu finden und die Trauer, die der Verlust eines geliebten Menschen mit sich bringt leichter zu überwinden. Ebenso bringt Erzengel Azrael Botschaften von lieben Verstorbenen zu uns, damit sie uns mitteilen können, wie es ihnen geht. Er kümmert also ebenso wie um die Verstorbenen, die jenseitige Sphäre herüberwechseln, auch um die Angehörigen, die diesen Verlust überwnden müssen und kann, wenn wir ihn bitten uns den Trauerprozess unendlich erleichtern.
Sicherlich haben Sie schonmal von sogenannten Spukphänomenen gehört, diese entstehen dann, wenn eine Seele keine Ruhe findet und noch an Erdendasein fest hält.

Auch hier kann Erzengel Azrale uns helfen, den Ruhelosen Geist, welcher sich in unserem Haus oder unserer Wohnung befindet, sanft und mit all seiner Liebe an seine Hand zu nehmen und ins Licht zu führen. Natürlich können Sie Erzengel Azrael außerdem für jeden Ihrer geliebten Verstorbenen bitten, dass er ihn ins Licht führt.

Wenn Sie in Ihrem Berufsleben mit den Themen Tod und Sterben konfrontiert sind, also Sie beispielsweise in einem Hospiz, Kinderhospiz, in der Palliativmedizin, im Krankenhaus im Pflegeheim und so weiter tätig sind, dann ist Erzengel Azrael der Engel, der für Ihr Berufsleben zuständig ist und den Sie jederzeit um Beistand und Hilfe bitten können, sowohl für sich selbst, als auch für jene Menschen, die Sie betreuen. Er wird Ihnen dann helfen immer die Kraft und die Stärke zu haben und beizubehalten, diese wundervolle Arbeit zu machen und diesen Menschen immer eine großartige Stütze zu sein.

Chakra: Erzengel Azrael ist zuständig für Ihr Solarplexuschakra
Farbe: Blasses gelb, vanillefarben

Für welche Lebensbereiche ist Erzengel Azrael zuständig?

- Sollte sich ein geliebter Mensch in Ihrem Umfeld im Sterbeprozess befinden, kann Erzengel Azrael helfen, diesem Menschen das Leid zu Lindern und ihm den Weg ins Licht zu erleichtern.

- Wenn Sie sich danach sehen von einer geliebten Person im Jenseits eine Botschaft zu bekommen, kann Erzengel Azrael Ihnen diese klar und deutlich übermitteln.

- Wenn Sie einen Ruhelosen Geist in Ihrem Haus oder Ihrer Wohnung haben, kann Erzengel Azrael Ihnen helfen diese Seele zu entfernen und ins göttliche Licht zu führen.

- Sollten Sie in Ihrem Berufsleben mit dem Thema Tod und Sterben zu tun haben, also mit sterbenden Menschen, dann kann Erzengel Azrael Ihnen die Kraft und Stärke schenken, diese Menschen auf Ihrem letzten irdischen Weg liebevolle Unterstützung zu Teil werden zu lassen.

Affirmationen zu den Energien von Azrael:

- Ich genieße jeden Tag meines Lebens in vollen Zügen.

- Ich besitze die Fähigkeit zur jenseitigen Welt Kontakt aufzunehmen.

- Ich weiß um die Tatsache, dass der Tod nur ein Übergang ins göttliche Licht ist.

- Ich glaube ans Leben.

- Ich habe immer die Kraft sterbenden Menschen zu helfen.

- Ich lasse meine Trauer zu, damit sie vollkommen heilen kann.

- Ich habe den Mut all meinen Impulsen bezüglich neuer Projekt zu folgen.

- Was ich mit dem Herzen beginne, führe ich auch mit aller Leidenschaft zu Ende.

Die vier hellen Talente

Es gibt verschiedene Wege über die Sie Ihre Engel wahrnehmen können, diese wundervollen Möglicheiten bezeiche ich als die vier hellen Talente.
Sie, wie jeder andere Mensch haben, wie bereits erwähnt Ihre Schutzengel immer an Ihrer Seite, durch diese Tatsache ist es natürlich auch so, dass Sie ständig göttliche Botschaften übermittelt bekommen. Also sollten Sie sich niemals fragen, ob die Engel mit Ihnen kommunizieren, denn die Antwort auf diese Frage kennen Sie ja bereits, diese ist natürlich ein deutliches JA! Aber Sie werden sich vielleicht Fragen auf welche Art und Weise die himmlischen Wesen mit Ihnen in Kontakt treten und genau diese möchte ich Ihnen an dieser Stelle erleutern. Die vier hellen Talente sind das Hellfühlen, das Hellsehen, das Hellhören und das Klarwissen, die ich Ihnen alle nachfolgend ausfürlich erklären werde. Ich gehe stark davon aus, dass Sie beim lesen der folgenden Seiten einige Aha-Erlebnisse haben werden, wenn Sie es bisher vielleicht auch noch nicht wussten, werden Sie sicher feststellen, dass Sie, wie jeder Mensch auch im Laufe Ihres Lebens bereits sehr viele Begegnungen mit Ihren Engeln und himmlischen Helfern erlebt haben. Aber nun möchte ich Ihnen die vier hellen Talente im einzelnen erklären.

Das erste helle Talent - Hellfühlen

Hellfühlen ist wohl das verbreiteste der hellen Talente, es spielt sich in Ihrer Intuiton und Ihren Emotionalen Gefühlen ab, zum beispiel spüren Sie plötzlich Freude, Begeisterung, Mitgefühl oder haben körperliche Empfindungen, wo kein Grund im Aussen also in ihre physischen Welt dafür zu finden ist. Sie fühlen die Antworten einfach in Ihrem Bauch in dem Sie Beispielsweise auf eine Frage die Sie in Ihrem inneren an die geistige Welt gerichtet haben ein Glückgefühl in Ihrem Bauch spüren oder auch, wenn es sich dabei um eine negative Antwort handelt, eine Anspannung oder vielleicht sogar Bauchschmerzen spüren, was Ihnen wie eine Warnung vorkommt.

Vielleicht versucht Ihr ego immer mal wieder einzureden, dass es sich hierbei, nur um Ihre eigenen Gefühle handelt oder Sie sich das ganze vielleicht nur einbilden, solchen Ideen allerdings, sollten Sie wirklich keinerlei Aufmerksamkeit schenken, denn wenn Sie die Engel um Hilfe oder eine Antwort gebeten haben und darauf Gefühle auftauchen vielleicht sogar einergehend mit der Wahrnehmung von Blumendüften oder anderen Wohlgerüchen die keine physische Ursache haben, dann dürfen Sie sich immer auch sicher sein, dass es sich bei dieser Empfindung immer um eine himmlische Antwort auf Ihre Gebete handelt.

Der göttliche Kanal des Hellfühlens fällt in den

Zusändigkeitsbereich von Erzengel Raguel, bitten Sie ihn und seine Engel der Hellfühligkeit, Nachts wenn Sie schlafen zu Ihnen zu kommen und Ihr Herzchakra vollständig zu reinigen, auszugleichen und zu öfnnen und führen Sie dies einfach so lange durch, bis Sie das Gefühl haben, dass Ihr göttliche Intuition vollkommen ist.
Ein Rosenquarz, rosa Turmalin oder Zinkkarbonat tagsüber bei sich zu tragen kann Ihnen zusätzliche helfen, Ihre Hellfühligkeit in vollem Umfang zu erwecken.

Das zweite helle Talent - Hellsehen

Beim Hellsehen, sehen Sie die Dinge vor Ihrem geistigen Auge (menthal) oder sogar mit Ihren physischen Augen. Zum hellsehen gehören auch Visionen, die Sie in Ihren Träumen haben. Vielleicht haben Sie wie auch ich schon mal bunte Lichter oder Lichblitze gesehen und gedacht mit Ihren Augen sie etwas nicht in Ordnung, natürlich sollten Sie solche Dinge immer mit Ihrem Augenarzt abklären, wenn allerdings dabei heraus kommt, dass mit Ihren Augen alles in Ordnung ist, dann sind diese Lichter oder Lichblitze sicher hellsichtige Erfahrungen, denn dies ist eine der Arten, mit der sich die Engel zeigen.
Bei mir läuft die hellsicht entweder in Form von Symbolbildern oder sogar in ganzen Filmen ab, die ich gezeigt bekomme, wenn es um Zukinftfragen geht. Ich sehe die Engel als physische Wesen mit wundervollen Flügeln, die nur einem zweck dienlich sind, nämlich um uns Menschen in sie einzuhüllen und uns damit zu zeigen, wie sehr sie uns lieben. Auch bekomme ich Visionen die Zukunft betreffend. Aber das bedarf einfach Übung.

Um Ihren hellsichtigen Kanal zu öffnen, können Sie einfach Abends vor dem schlafen gehen Erzengel Raphael und seine Engel der hellsicht, Ihr drittes Auge, welches zwischen Ihren beiden physischen Augen lieg zu umschwirren, zu reinigen, auszugleichen und vollständig zu öffnen. Machen Sie dies einfach jeden Abend unmittelbar vor dem einschlafen. Durch

Ihre Bitte erlauben Sie den Engeln der hellsicht, mit all Ihrer Liebe mit Ihnen zu arbeiten und für Sie da zu sein, bedenken Sie ebenso wie bei allen anderen Engeln, ist es natürlich auch hier der Fall, dass sie Ihnen unbedingt helfen möchten, Sie müssen es ihnen nur erlauben.

Desweiteren können Sie Tagsüber einen Bergkristall bei sich tragen und wann immer Sie das Bedürfnis danach haben, Ihr drittes Auge damit berühren, der Bergkristall, einen Amethyst oder einen Mondstein wird Ihnen bei der vollständigen Entwicklung Ihres dritten Auges wundervoll helfen.

Das dritte helle Talent - Hellhören

Auch das dritte helle Talent ist sehr vielen Menschen bekannt. Vielleicht kennen Sie das, Sie hören kurz vor dem einschlafen oder unmittelbar nach den aufwachen Musik oder ein bestimmtes Lied in Ihren Ohren oder Sie hören eine körperlose Stimme, die Ihren Namen ruft oder Sie vor einer anstehenden Gefahr warnt. Es kann auch sein, dass Sie im Radio oder Fernsehen etwas hören, was Ihnen Antwort auf die Fragen, die Sie aktuell bewegen gibt, das alles sind Hinweise darauf, dass Sie hellhörend veranlagt sind.

Die Stimmen der Engel und der geistigen Welt sind immer liebevoll und werden Sie immer nur zu Dingen auffordern, die Ihrem und dem höchsten Wohl aller Menschen dienlich sind, die an der Situation, um die es geht beteiligt sind, sie werden sich nie in Ihren freien Willen einmischen, das heißt Sie werden empfehlungen aussprechen, aber Sie nie zu etwas drängen, ein Engel wird immer in moderner Sprache zu Ihnen sprechen und seine Sätze stets mit Dem Wort "wir" oder " Du" beginnen, niemals wird er das Wort ich benutzen, außer er nennt seinen Namen zum Beispiel "Ich bin Erzengel Michael", um sich vorzustellen.

Das Hellhören fällt in den Zuständigkeitsbereich von Erzengel Zadkiel, bitten Sie ihn und seine Engel des hellhörens einfach Abends vor dem Schlafengehen darum, Ihre Ohrchakren, die sich oberhalb Ihrer Augenbrauen befinden zu reinigen und vollkommen zu Öffnen und machen Sie dies so lange weiter, bis Sie das Gefühl haben, dass Ihr göttlicher Kanal des Hellhörens vollständig geöffnet ist. Sie können zur zusätzlichen Unterstützung einen Phantomquarz oder Granat bei sich tragen.

Das vierte helle Talent - Klarwissen

Haben Sie manchmal das Gefühl einfach Dinge zu wissen, ohne je eine Information zu diesen Thema gehabt zu haben. Sie wissen, also quasi ohne zu wissen, wie oder woher Sie dieses Wissen haben können. Es kommen plötzliche Aha-Erlebnisse, der Erkenntniss in Ihr leben. Es kann sein, dass Sie auf einmal in der Lage sind einen Gegenstand zu reparieren, ohne eine Anleitung oder ohne dass Sie je gewusst haben, wie das geht. Sie Äußern in gesprächen oder schreiben plötzlich besonders weise und kluge Worte, die anderen Menschen wirklichen Segen in Ihr Leben bringen. Sie haben sogenannte Geistesblitze, welche sehr plötzlich und unerwartet bei Ihnen sind und Ihnen helfen Problemsituationen zu lösen.
Hellwissen äußert sich also durch Gedanken oder Ideen, die Ihnen einfach so zuzufliegen scheinen, als Antwort auf Ihre Gebete, dieses Talent ist für viele Menschen eher schwierig, da die Antworten der Engel und der geistigen Welt hier über den Weg der Gedanken kommen, sollte dieses helle Talent in Ihnen bereits geöffnet sein, kann es durchaus möglich sein, dass Sie bei den Antworten oft denken, das sind nur meine eigenen Gedanken, wenn Sie sich unsicher sind bitten Sie die Engel um klare Zeichen inder physischen Welt, die Ihnen Ihre Eingebung entweder bestätigen oder wiederlegen, die Engel werden Ihnen dann sicher zeigen. Ob es sich bei den Gedanken, die Sie hatten, um echte himmlische Führung handelte.
Dieser göttliche Kanal fällt in den Zuständigkeitsbereich von

Erzengel Uriel, wenn Sie diesen Kanal vollständig öffnen möchten, bitten Sie Erzengel Uriel und die Engel des Klarwissens Nachts zu Ihnen zu kommen und Ihr Kronenchakra, welches sich an Ihrer Scheitelspitze befindet, vollständig zu reinigen, auszugleichen und zu öffnen und führen Sie dies so lange durch, bis Sie die göttlichen Ideen klar und deutlich empfangen können. Zur weiteren unterstützung dieses göttlichen Kanals, können Sie einfach tagsüber einen Sugilith bei sich tragen.

Engel-Energie-Master-Methoden

Erzengel Michaels Methode zur Blockadenlösung

Bei dieser Methode, die vom Namen her sehr lustig klingen mag, handelt es sich um eine durch Erzengel Michael gechannelte Methode und meiner Meinung nach, um die machtvollste Methode, wenn es darum geht alte Ängste und toxische Energien entgültig loszuwerden.

1. Begeben Sie sich an einen ort wo Sie eine Zeitlang ungestört sind.

2. Nehmen Sie ein paar tiefe reinigende Atemzüge entspannen Sie sich und lösen Sie sich von der Aussenwelt.

3. Sprechen Sie in Worten oder Gedanken folgendes Gebet: Lieber Erzengel Michael bitte komme mit Deinem spirituellen Staubsaugerrohr und befreie mich meine Wohnung und mein Umfeld vollständig von allen Angstenergien und allen tosischen Substanzen und Energien, (entscheiden Sie dabei ob Michael den Staubsauger auf langsam, medium oder schnell Schalten soll).

4. Bleiben Sie entspannt sitzen oder liegen, bis sie das Gefühl haben, dass Sie von allen negativen Energien befreit sind.

5. Sobald Erzengel Michael diese Arbeit beendet hat, sprechen Sie folgendes Gebet gedanklich oder in Worten: "Lieber Erzengel Michael bitte fülle mich jetzt auf mit reinem göttlichen Licht."

6. Bleiben Sie entspannt sitzen oder liegen, bis Sie das Gefühl haben, dass Sie erfüllt von göttlichen Licht sind.

7. Atmen Sie nochmals tief ein und Aus recken Sie sich und strecken Sie sich und öffnen Sie dann Ihre Augen.

Die Methode können Sie für sich selbst, für andere Menschen, für Orte, die Sie reinigen möchten und auch für den ganzen Planeten anwenden.

Trennung ätherischer Schnüre

Dies ist ein meiner Meinung nach überaus wichtiges Thema, jeder Engel-Energie-Master sollte unbedingt über ätherische Schnüre bescheid wisse. Immer dann, wenn Sie mit anderen Menschen arbeiten, ob nun professionell oder aus reiner Freundlichkeit oder Mitgefühl. Wann immer ein anderer Mensch eine Verbindung zu Ihnen herstellt und mit seinen Ängsten zu Ihnen kommt bildet sich eine Schnur, die zunächst dünn ist wie ein Haar und mit der Zeit immer dicker wird, bei vielen Menschen nehme ich in meiner Beratungspraxis richtig dicke Schläuche war. Diese Verbindungen, wenn sie nicht getrennt werden, ziehen Ihnen Ihre Lebensenergie ab. Wenn diese Schnüre nicht getrennt werden, macht es Sie müde, laugt Sie aus und kann Sie auf dauer sogar sehr Krank machen, gottseidank ist es sehr einfach diese Schnüre gemeinsam mit Erzengel Michael zu trennen und mit Erzengel Raphael vollständig zu heilen, so dass Sie diese dann nicht weiter mit Ihnen herumtragen müssen. Diese Methode können Sie ebenso, wie das Staubsaugen für sich und andere, die Sie darum bitten anwenden, natürlich lassen sich alle Methoden ebenso, wie Sie diese für Menschen anwenden können auch wunderbar für Ihre lieben Haustiere anwenden.

Um alle ätherischen Schnüre vollständig loszuwerden sagen Sie enwteder innerlich oder gerne auch mit Lauter Stimme:

"Ich rufe Dich jetzt herbei lieber Erzengel Michael und bitte Dich mit Deinem Flammenden Schwert der Wahrheit und Gerechtigkeit alle Schnüre der Angst, die meine Lebensenergie einschränken, zu trennen. Danke so ist es Amen!"

Danasch bleiben Sie einfach Still sitzen und visualisieren Sie, wie Erzengel Michael mit seinem Schwert einmal um Ihren ganzen Körper herum geht, dabei wird er alle ätherischen Schnüre vollständig von Ihnen abschneiden.

Durch das Trennen der ätherischen Schnüre entstehen kleine Lücken und Löcher an den stellen, wo sich diese Bänder und Schläuche befinden haben, dementsprechend müssen diese natürlich wieder vollständig geheilt werden auch dies geht sehr einfach, hierzu rufen Sie einfach den Engel der Heilung- Erzengel Raphael herbei und bitten ihn um sene Hilfe, zum Beispiel mit folgenden Worten:

"Lieber Erzengel Raphael, ich rufe Dich jetzt herbei und bitte Dich mich vollständig mit Deinem Smaragdgrünen Licht einzuhüllen und alle Lücken und Löcher, die durch das Trennen der Schnüre entstanden sind vollständig zu heilen. Erzengel Raphael, ich danke Dir von ganzem Herzen, so ist es Amen.

Anschließend bleiben Sie einfach noch einige Minuten vollkommen entspannt, so lange bis Sie das Gefühl haben, dass die Lücken wieder vollkommen geschlossen sind.

Aurareinigung

Ihre Aura ist ein sehr gutes Schutzfeld, um Sie herum, aber immer dann wenn Menschen bewusst oder unbewusst negativ oder sogar mit ganz schlechten Wünschen an Sie denken, erscheinen als Auswirkungen dieser aussersinnlichen Attaken negative energietischen Gegenstände in Ihrer Aura, in Form von Pfeilen, Messern, Dolchen oder anderen Scharfen Gegenständen, je näher diese Gegenstände an Ihren Körper heran kommen, um so größer wird das dadurch bedingte gesundheitliche Risiko, aber keine Angst, es gibt eine ganz einfache Methode Ihre Aura von diesen aussersinnlichen Attaken vollkomenen zu befreien und dafür Sorge zu tragen, dass Ihre Aura wieder absolut in Takt ist. Hierbei arbeiten wir wiederum mit der Hilfe von Erzengel Michael und Raphael, Michael wird alles aus Ihrer Aura entfernen und Raphael wird Ihre Aura anschließend Heilen und reparieren, dies geht wie gesagt, wie jede Arbeit mit den Engeln sehr leicht und einfach.

Ich möchte Ihnen diese wunderbare Methode zur Aurareinigung nun Vorstellen.

1. Begeben Sie sich an einen Ort, am dem Sie einige zeit vollkommen ungestört sein können.

2. Setzen oder legen Sie sich vollkommen enstpannt hin und schließen Sie Ihre Augen.

3. Nehmen Sie ein paar tiefe reinigende Atemzüge.

4. Lösen Sie sich von der Aussenwelt.

5. Rufen Sie Erzengel Michael und bitten Sie ihn alle auswirkungen von aussersinnlichen Attaken aus Ihrer Aura zu entfernen.

6. Erzengel Michael kommt nun mit einem riesengroßer Magneten und zieht mit diesem alle Gegenstände, die sich als Auswirkungen, dieser Attakken in Ihrer Aura befinden heraus, vielleicht sehen Sie, wie diese Gegenstände aus Ihrer Aura heraus fliegen, es kann auch ein, dass Ihnen die Personen, die Ihnen diese geschickt haben in den Sinn kommen, sollte dies der Fall sein, vergeben Sie einfach diesen Personen und lassen diese vollkomenen los.

7. Warten Sie ab, bis Sie das Gefühl haben, dass diese Heilung abgeschlossen ist.

8. Rufen Sie jetzt Erzengel Raphael an Ihre Seite und bitten Sie ihn Ihre Aura vollständig zu heilen.

9. Erzengel Raphael wird nun ein Smaragdgrünes Gel, in einer Zahnpastaähnlichen Konsistenz auf Ihrer Aura auftragen, dieses Gel besteht aus reinem Licht und heilt alle Löcher, die sich in Ihrer Aura befinden, die also durch die Gegenstände, der aussersinnlichen Atakken in Ihrer Aura entstanden sind.

10. Warten Sie einfach ab, bis auch diese Heilung vollständig

abgeschlossen ist.

11. Nehmen Sie noch ein paar tiefe, reinigende Atemzüge, recken und strecken Sie sich kräftig und öffnen Sie nun Ihre Augen und genißen Sie das neue Lebensgefühl.

Auflösung von Sucht und Abhängigkeit

Leider leiden sehr viele Menschen unter verschiedenen süchten und abhängigkeiten, diese können Stoffgebunden, wie zum Beispiel die sucht nach Zucker, Zigarretten oder anderen Substanzen, sein oder auch nicht Stoffgebunden, wie zum Beispiel die Sucht zu kaufen, emotionale Abhängigkeiten usw. Erzengel Michael und Raphael gaben mir eine wundervolle und überaus wirkungsvolle Methode, um Süchte und Abhängigkeitein vollständig aufzulösen.

1. Begeben Sie sich an einen Ort, am dem Sie einige zeit vollkommen ungestört sein können.

2. Setzen oder legen Sie sich vollkommen enstpannt hin und schließen Sie Ihre Augen.

3. Nehmen Sie ein paar tiefe reinigende Atemzüge.

4. Lösen Sie sich von der Aussenwelt.

5. Visualisieren Sie das Objekt Ihrer sucht oder etwas, dass Ihre Sucht, die Sie auflösen werden schwebend über Ihrem Bauch, warscheinlich werden Sie dunkle Schnüre, Wurzeln und so weiter wahrnehmen, die das Suchtobjekt mit Ihrem Solarplexuschakra verbindet.

6. Rufen Sie jetzt Erzengel Michael und Erzengel Raphael herbei und bitten Sie diese beiden mächtigen Erzengel, Sie vollständig von dieser Sucht zu befreien.

7. Erzengel Michael wird jetzt mit seinem Flammenden Schwert alle Schnüre liebevoll und behutsam durchschneiden und Erzengel Raphael lenkt Smaragdgrünes Licht auf das Objekt Ihrer sucht, wodurch es nach und nach immer kleiner wird bis es sich vollständig aufgelöst hat.

8. Bleiben Sie einfach entspannt sitzen oder liegen, bis die Engel mit ihrer Arbeit fertig sind.

9. Nehmen Sie noch ein paar tiefe reinigende Atemzüge, recken und strecken Sie sich kräftig und öffnen Sie nun Ihre Augen.

Karmaauflösung

Das Gesetz des Karmas

Das Gesetz des Karmas ist das Gesetz von Ursache und Wirkung. Ich möchte ausdrücklich hier mit einem sehr großen Missverständnis aufräumen, Karma hat in keinster Weise und zu keiner Zeit mit Bestrafung zu tun, Sie müssen also nicht befürchten, dass Sie für etwas, was Sie irgendwann mal in einem früheren Leben oder der Vergangenheit Ihres jetzigen Lebens getan haben von Gott bestraft werden, dies ist schlicht und ergreifend Unsinn.

In Wahrheit ist es so, dass Gott und die Engel uns Menschen absolut und bedingungslos lieben und sie haben keinerlei Interesse daran uns zu verurteilen oder zu bestrafen. Es ist mir unendlich wichtig diese Angst der Menschen an dieser Stelle auszuräumen. Unser Schöpfer richtet niemals und zu keiner Zeit über uns, sondern er liebt uns genauso, wie wir sind, frei nach dem Motto: "Gott vergibt nichts, weil er erst gar nicht urteilt." Dies hat er uns mehr als bewiesen als er seinen Sohn Jesus Christus auf unsere Erde schickte und ihn opferte, denn wie Sie sicherlich wissen, Jesus ist für die Vergebung der Sünden und somit für die Auflösung unseres Karmas gestorben. Die Geschichte seines Todes kennen wir alle und er ist für uns alle gestorben und sein Blut hat uns Menschen von den Sünden befreit für alle Zeiten, also sollten Sie genau wie ich und wir alle keinen Gedanken an eine Bestrafung durch Gott verschwenden.

Wie schon beschrieben ist das Gesetz des Karmas gleich das Gesetz von Ursache und Wirkung. Jede Ursache die ein Mensch setzt, jeder Gedanke, jedes Gefühl, jedes Wort und jede Handlung erzeugt eine bestimmte Energieschwingung, die wiederum mit gleicher Intensität zum Verursacher zurückkehrt. Wie ich bereits erwähnte ist das Gesetz des Karmas vollkommen neutral zu verstehen und hat nichts mit der Idee von Schuld und Bestrafung zu tun, zumal im Universum, so etwas wie "Schuld" überhaupt nicht existiert, sondern lediglich der Begriff der Eigenverantwortung, der wie gesagt aussagt, dass wir Menschen für alles, was in unserem Leben stattfindet selbst verantwortlich sind. Also wir Menschen selbst entscheiden an jedem Tage unseres Leben, mit unseren Gedanken, Worten und Handlungen, ob wir uns ein positives, negatives oder neutrales Karma erschaffen.

Da jede Schöpfung aus dem Geist Gottes entsprungen ist, ist natürlich der Geist unseres Schöpfers, die erste Ursache, also der Ursprung von allem Sein und für unsere physische Realität.

In unserem Leben läuft es so ab, dass wir als allererstes etwas erdenken, dann werden unsere Gedanken zu Gefühlen und aus unseren Gefühlen entsteht schlussendlich unsere Realität. Also kurz gesagt aus der Ursache des Gedankens entsteht als Wirkung die zweite Ursache, nämlich unsere Gefühle, die wiederum zur dritten Ursache, nämlich unserer Realität führen, somit ist natürlich jeder Mensch in der Lage, mittels des karmischen Gesetzes seine Realität zum positiven zu wenden, wir müssen einfach nur beginnen positiv über uns und andere zu denken und nur noch positiv zu Handeln, um dadurch positive Gefühle und eine positive Realität zu erschaffen.

Dazu gilt es einen ganz wichtigen Punkt zu begreifen und in sich zu verankern. Das menschliche Unterbewusstsein ist nicht in der Lage zwischen dem Ich und dem Du zu unterscheiden, dies ist eine unendlich wichtige Tatsache, denn immer dann wenn wir Menschen mit Wut- oder Grollgedanken an jemanden denken und der Person womöglich auch noch schlechtes wünschen richten sich diese Gedanken immer auch auf uns selbst. Also, wann immer Sie sinnbildlich jemanden die Pest an den Hals wünschen, machen Sie sich bitte diese Tatsache bewusst, denn Sie wünschen in Wahrheit in diesem Moment auch sich selbst die Pest an den Hals.

Nein, wir sollen lernen anderen Menschen und vor allem auch uns selbst auf vollkommene Art und Weise zu vergeben, denn Vergebung ist der Schlüssel und löst jedes Karma auf der Stelle auf. Ich möchte betonen, dass Vergebung nicht bedeutet, plötzlich alles gut zu heißen, was jemand anderer getan hat oder alles zu entschuldigen. Vergebung bedeutet verstehen, dass jeder Mensch unschuldig und rein geboren wird, in diese Welt kommt und im Laufe seines Lebens zu dem gemacht wird, was er dann als Erwachsener ist, also das Erkennen, das jeder Mensch, der zum Täter geworden ist irgendwann mal Opfer war und leider nicht die stärke besessen hat, seine lehren daraus zu ziehen, sondern es eben damit kompensiert, anderen Menschen und so vielleicht auch Ihnen weh zu tun, was natürlich nicht in

Ordnung ist, aber vergeben Sie dennoch und wünschen dieser Seele alles erdenklich Liebe auf ihrem Weg, aber fortan ohne Sie.

Also machen Sie doch einfach das Gegenteil, von dem, was uns unsere Gesellschaft lehrt und wünschen Sie anderen Menschen immer nur das beste auf dieser Erde und stehen Sie mit Ihrer vollen Überzeugung dahinter, denn auch diese Wünsche fallen nach dem Gesetz des Karmas auf der Stelle auf Sie zurück.

In unserem noch begrenzten Sein, welches sich bis 2032 komplett gewandelt haben wird, nehmen wir allerdings nur einen kleinen Teil der karmischen Aspekte unserer Schöpfung war, welche wir selbstverständlich auch wiederum selbst in Gang gesetzt haben. Alle weiteren Aspekte unserer Schöpfung, also alle Konsequenzen, die sich aus unserer Schöpfung ergeben, werden früher oder später zu uns allen zurück kehren, da wir sie ja selbst erschaffen haben und ebenso können wir sie selbst mit Hilfe von Erzengel Raziel wieder auflösen.

Wir Menschen neigen in unserer Leiblichkeit dazu noch an die Illusion von Zeit und Raum zu glauben und erleben uns leider dadurch immer wieder von der göttlichen Quelle, von Gott unserem Schöpfer getrennt, was wir natürlich in Wahrheit, wie ich an anderer Stelle bereits erklärt habe, zu keiner Zeit sind. Wir wundern uns dann, wenn wir zu späteren Zeiten, auch in späteren Inkarnationen noch Teilaspekten von dem, was wir selbst geschaffen haben begegnen, weil wir natürlich die von uns gesetzte Ursache in diesem oder einem früheren Leben längst vergessen haben.

In solchen Fällen kann es Sinn ergeben mal eine Rückführung mit Hilfe von Erzengel Raziel zu machen, um die Ursache zu erkennen und zu beseitigen. Es ist nämlich so, so lange die Ursache besteht können wir natürlich auch der Konsequenz nicht entfliehen. Es ist nur wichtig zu erkennen, dass wir den Samen für alles was in unserem Leben geschieht stets selbst gesetzt haben.

Meditation zur Auflösung von altem Karma

1. Begeben Sie sich an einen Ort an dem Sie garantiert vollkommen ungestört sind und schalten Sie alle möglichen Störfaktoren, wie Türklingel Telefon und so weiter aus.

2. Erhöhen Sie bitte die Raumenergie dadurch, dass Sie ein paar Blumen hinstellen, eine Kerze Anzünden, Räuchern Sie mit weißem Salbei und Weihrauch und legen Sie eine CD mit Engelmusik auf, die leise im Hintergrund läuft.

3. Nun Setzen oder legen Sie sich vollkommen entspannt und mit geraden Rücken hin und schließen Sie die Augen. Atmen Sie bitte sehr tief ein und aus und stellen sich dabei vor wie Sie bei jedem Einatmen göttliches königsblaues Licht tief in sich aufnehmen und bei jedem Ausatmen, alle Negativität und jede Anspannung dem Universum übergeben.

4. Erden Sie sich in dem Sie sich vorstellen wie dicke, grüne Wurzeln aus Ihren Füßen in den Boden wachsen, bis zum Mittelpunkt der Erde, so dass Sie sich vollkommen mit Mutter Erde verbunden fühlen.

5. Bitten Sie nun Ihren Schutzengel darum, dass er Sie mit seinen Flügeln umarmt, fühlen Sie einige Augenblicke lang die unendliche Liebe, die Ihr Schutzengel Ihnen schenkt und genießen Sie dieses Wohl Gefühl, so lange

sie mögen.

6. Jetzt fühlen Sie wie Ihr Schutzengel Sie sanft streichelt, über den Kopf, Ihren Rücken, Ihre Arme und Beine und durch dieses liebevolle streicheln nimmt er sanft alle Restanspannung von Ihnen und Sie sind dadurch vollkommen entspannt.

7. Vor Ihnen erscheint nun eine wunderschöne goldene Treppe, die Sie leicht und einfach hinauf steigen, oben auf der dreiunddreißigsten Stufe, das ist die heilige Ebene des Christusbewusstseins angekommen halten Sie inne, spüren und genießen die Christusenergie und bleiben neugierig abwartend und in absoluter und bedingungsloser Liebe zu sich selbst stehen.
Jetzt kommt ein riesen großer Engel zu Ihnen, er schaut Sie liebevoll an und holt Sie ab. Er nimmt Sie zärtlich an die Hand und fliegt mit Ihnen in ein wunderschönes Land weit über den Wolken.
Über den Wolken angekommen sehen Sie in der Ferne einen wunderschönen Tempel mit goldenen Kuppeln und einen Weg der zu ihm führt. Das ist der Tempel, in dem dem die Wächter über alles Karma leben und in dem die Akasha Chronik aufbewart wird, das Buch in dem jedes einzelne Leben einer jeden Seele und alles Karma aufgezeichnet ist.
Sie gehen nun den Weg entlang und erreichen den Garten des Tempels der voller bunter Blumen ist und in dessen

Mitte sich ein Sprinbrunnen befindet, gehen Sie zu diesem Brunnen und trinken Sie von seinem Wasser. Sie können spüren, wie das Wasser des Brunnen Ihnen neue Lebensenergie schenkt und Sie von alles Giften vollständig reinigt.

Jetzt kommt ein liebvoll blickender Mönch schweigend auf Sie zu, er schaut Sie liebevoll an und nimmt Sie an seine Hand und führt Sie nun zu der Tür des Tempels.

Die Türe öffnet sich vollkommen von selbst und Sie treten ein.

Um einen runden Tisch versammelt sitzen die sieben Wächter des Karmas, auf dem Tisch liegt die Akasha Chronik.

Die Wächter über alles Karma warten bereits auf Sie und freuen sich sehr über Ihr erscheinen.

Nun bitten Sie die Wächter, ob ein teil Ihres Karmas oder sogar Ihr ganzes Karma aus der Akasha Chronik gelöscht und in reines göttliches Licht verwandelt werden kann.

8. Bleiben Sie stehen und warten Sie die Antworten der Wächter des Karmas, nachdem sie sich Beraten haben ab, seien Sie offen für alle Antworten die sie Ihnen geben möchten.

9. Seien Sie auch offen für Botschaften, welche sie Ihnen mit auf Ihren weiteren Lebensweg geben möchten und nehmen Sie einfach alles an, was zu Ihnen kommen möchte.

10. Nun verlassen Sie den Tempel wieder, gehen den Weg zurück, der Engel der Sie hochgeflogen hat bringt Sie nun wieder zur Treppe, die Sie hinabsteigen und sind jetzt wieder im hier und jetzt.

11. Bleiben Sie noch ein wenig sitzen oder liegen und achten Sie auf alle körperlichen Gefühle und Empfindungen.

12. Nun Atmen Sie tief durch, recken und strecken Sie sich. Jetzt sind Sie wieder ganz bei sich im Hier und Jetzt mit einem vollständig neuem Bewusstsein und von Ihrem Karma befreit.

Gelübde lösen

Unsere Seele ist sehr alt und hat schon viele Leben durchleben dürfen auf dieser Erde, in verschiedenen Rollen, mit unterschiedlichen Aufgaben, in immer wieder anderen Ländern und in vielen Zeitepochen.
In diesen Leben hat jeder von uns Gelübde abgeben, die unsere Seele nicht vergessen hat und sie versucht diese auch in diesem Leben einzuhalten.
Dazu gehören zum Beispiel Armutsgelübde, Keuschheitsgelübde, Ehelosigkeitsgelübde und vieles mehr.
Aus diesen Schwüren, welche wir bewusst und unbewusst abgeleistet haben entstanden sogenannte Karmische Verstrickungen in unserer Seele, die entsprechend leider auch das heutige Leben beeinflussen und durchaus auch krank machen können.
Aber keine Sorge, man kann diese Gelübde sehr einfach auflösen, in dem man mit Erzengel Raziel arbeitet und einen klaren Befehl ans Universum abgibt, dies ist unendlich wichtig, um in einer erfüllten Partnerschaft leben zu können und auch um Reichtum und Erfolge anzuziehen.
Ich empfehle dazu folgende Formulierung, welche 3 mal hintereinander gesprochen wird und nur einmal im Leben durchgeführt wird, wenn eine andere Person Sie darum bittet, können Sie diesen Erlass selbstverständlich auch für eine andere Person sprechen, aber nur mit deren Einverständnis.
Nehmen Sie vor diesem Ritual bitte ein reinigendes

Meersalzbad von ca 20- 30 Minuten länge und stellen Sie sich vor, wie das Salzwasser, Sie von allen toxischen Energien befreit un reinigt.

Sprechen Sie nun wie beschrieben den folgenden Erlass:

Erzengel Raziel ich rufe Dich jetzt herbei, sei bei diesem Befehl, den ich jetzt erteilen möchte an meiner Seite und unterstütze mich bitte bei der vollständigen Auflösung all meiner Gelübde und all meiner Karmischen Verstrickungen.

Ich rufe Dich Erzengel Michael hinzu, und bitte Dich von ganzem Herzen hülle mich in Dein violettes Licht ein, damit während dieses Befehls nur Energien von Licht und Liebe und von höchster göttlicher Kraft und unendlicher Liebe zu mir kommen können.

Bitte durchschneide während meines Erlassen mit Hilfe Deines Flammenden Schwertes alle Bänder, Schnüre, Ketten, Schläuche und Wurzeln, die mich mit diesen Gelübden verbinden.

Im Namen von Gott Vater, meinem Schöpfer im Himmel und von allem Licht und aller Liebe des gesamten Universums befehle und erlasse ich, dass hier und jetzt, auf der Stelle und für alle Zeiten sämtliche Schwüre, Pakte, Gelöbnisse, Implantate, Eide und alles was ich je versprochen habe und was ich je geschworen oder was mir von anderen Seelen aufgeladen wurde in diesem und jedem anderen Leben, sowie in allen parallelen Leben endgültig gelöscht, dem Universum übergeben und in reines göttliches Licht und Liebe verwandelt wird.

Ich unterstehe ab sofort und für alle Zeiten nur noch den göttlichen Gesetzen aus Licht und Liebe und den Gesetzen meines höheren selbst. Ich bin vollkommen frei.

Lieber Gott, liebe Mutter Maria, lieber Erzengel Raziel, lieber

Erzengel Michael, ich danke Euch von ganzem Herzen, für die Auflösung aller Gelübde. So ist es. Amen.

Nach dem Sie dies gesprochen haben halten Sie bitte mindestens eine Stunde Nachruhe halten und vermeiden Sie Ablenkung, also lesen Sie nicht, schauen Sie nicht fern und so weiter. Es kann sein, dass wenn die Engel es für Sie für wichtig halten, dass Sie nach diesem Erlass Informationen über ein früheres Leben erhalten, welche wichtig sind, damit Sie verstehen können. Diese können in Form von Bildern, Visionen, einem Gefühl oder plötzlich auftretender Gedanken kommen. Bewerten Sie nichts, sondern lassen Sie einfach, dass zu Ihnen kommen, was kommen will.

Affirmationen

Affirmationen sind kleine positiv formulierte Sätze, die dazu dienen, uns eine neue positive Realität zu erschaffen und unsere alten, negativen Glaubens- und Verhaltensmuster, welche bewusst und unbewusst in uns vorhanden sind vollständig aufzulösen, durch positive Muster zu ersetzen und dadurch in eine neue positive Zukunft zu starten, denn wie Sie bereits gelernt haben sind wir ja aller selbst die Schöpfer unserer Realität und dementsprechen, wird sich, wenn sich unsere negativen Glaubensmuster drehen auch unser gesamtes Leben auf wundervolle Art und Weise verändern. Wenn Sie mit Affirmationen Arbeiten wird sich automatisch Ihr Leben vollständig positivieren.

Mit affirmativen Sätzen arbeiten ist ganz einfach. Sie machen sich einfach kleine Zettel mit der jeweiligen Affirmation und verteilen diese Zettel in Ihrer gesamten Wohnung und/ oder an Ihrem Arbeitsplatz, wo sie, für Sie immer gut Sichtbar sind, zum Beispiel an Ihrem PC, an Ihrem Badezimmerspiegel und so weiter, damit Sie den ganzen Tag bewusst und unbewusst an die Affirmation erinnert werden.

Desweitern sollten Sie diesen neuen Glaubenssatz, wann immer Sie daran denken gedanklich oder auch laut ausgesprochen mehrfach wiederholen, insbesondere sollten sie hierfür die sogenannte Alphaphase nutzen, das ist die Phase unmittelbar vor dem Einschlafen und nach dem Aufwachen. In der Alphaphase befinden wir uns nämlich im gleichen

Bewusstseinszustand, in dem wir uns in unseren ersten drei
Lebensjahren, also in der Zeit unserer Charakterbildung,
befunden haben und dadurch eignet sich diese am allerbesten
zum Auflösen und Verändern alter Glaubens- und
Verhaltensmuster.
Sie sollten bitte immer nur mir einem bis maximal zwei
Affirmationssätzen gleichzeitig arbeiten, um Ihr
Unterbewusstsein auch nicht zu überfordern und konsequent
täglich über einen Zeitraum von cirka sechs Wochen diese
Arbeit durchziehen, damit sich der neuen Glaubenssatz festigen
kann, sollte es so sein, dass sich nach diesen sechs Wochen bei
Ihnen noch keine Veränderung eingestellt hat, dann machen Sie
bitte unbedingt noch mit dieser Affirmation weiter, denn jeder
Mensch ist schließlich einzigartig und es kommt immer darauf
an, wie tief in Ihnen das alte Glaubensmuster verwurzelt ist,
wie lange Sie dann tatsächlich brauchen. Nehmen Sie sich hier
einfach die Zeit, die Sie individuell für sich benötigen, also
bitte kein Stress.
Sie können natürlich dazu alle Affirmationen aus diesem Buch
benutzen, die ich Ihnen vorschlage, aber noch um ein vielfaches
wirkungsvoler ist es, wenn Sie sich Ihre Affirmationen selbst
kreieren.
Dabei ist es wichtig, dass der Satz immer kurz und knapp
formuliert wird und nur positive Worte Verwendung finden.
Formulieren Sie immer genau das, was Sie erreichen wollen.
Worte wie nicht, kein und ohne haben hier definitiv nichts zu
suchen, denn diese Worte werden in unserem Unterbewusstsein

heraus gestrichen. Wenn Sie also beispielsweise sagen "ich bin nicht mehr traurig" versteht Ihr Unterbewusstsein "ich bin mehr traurig", dementsprechend wäre eine Idee für eine richtige Affirmation "Ich bin stets fröhlich, heiter und vergnügt".
Zu jedem Erzengel habe ich Ihnen bereits passende Affirmationssätze vorgestellt und möchte Ihnen auch an dieser Stelle noch einige Affirmationen vorstellen, die Sie gerne für Ihre Arbeit an einer positiven Realität benutzen können:

- Ich bin ein unendlich wertvoller Mensch und mir meinem eigenen Wert auch bewusst.

- Ich bin innerlich und äußerlich Reich und ziehe Finanziellen Wohlstand an.

- Ich erreiche alle meine positiven Ziele und Wünsche.

- Ich liebe mich selbst und andere Menschen bedingungslos.

- Mein Herz ist von der Flamme der göttlichen Liebe erfüllt.

- Ich habe ein Recht Liebe zu geben und zu empfangen.

- Ich bin immer gut gelaunt und optimistisch.

- Ich bin stets heiter, vergnügt und humorvoll und freue mich am Leben.

- Ich bin der wichtigste Mensch in meinem Leben.
- Ich achte und höre immer bei allem was ich tue auf meine innere Stimme
- Ich bin ein wundervolles und zutiefst geliebtes Kind meines Schöpfers.
- Ich liebe mein Leben.
- Ich bin dankbar für all meine Gefühle.
- Ich nehme mich vollkommen an mit all meinem Licht und Schattenanteilen.
- Ich bin Liebe
- Ich bin mein Leben
- Ich mache mich vollkommen glücklich

Engelenergieübertragung

Welcher Engel für welchen Bereich unseres Lebens zuständig ist, wissen Sie ja jetzt bereits und seine jeweilige Farbe kennen Sie auch. Jetzt möchte ich Ihnen erklären, wie Sie mit hilfe der Engel sich selbst und anderen Menschen die Heilenergien der Engel übertragen können. Dies geht sehr einfach, Sie rufen einfach den Engel für die entsprechende Lebenssituation an und bitten ihn darum seine Energie durch Ihre Hände zu leiten, wenn Sie sich selbst die Energie übertragen möchten, legen Sie einfach Ihre Hände auf Ihren Bauch und lassen die Energie fließen, sie werden selber spüren wann die Übertragung abgeschlossen ist. Um so häufiger Sie das durchführen um so deutlicher werden Sie die Energie der Engel spüren.

Wenn sie dies für einen anderen Menschen machen, der Sie darum gebeten hat können Sie entweder die Energie direkt übertragen., also in Anwesenheit der Person, in dem Sie nachdem Sie den jeweiligen Erzengel angerufen haben Ihre Hände diesem Menschen auflegen, dabei bitte nicht mit dem Kopf ran gehen, sondern intuitiv die Hände dahin gehen lassen, wohin sie wollen, auch hier werden Sie spüren wann sie energie aufhört zu fließen, in der Regel dauert eine solche Behandlung zwischen dreißig und sechzig Minuten.

Sie können ebenso aus der Ferne Energie an jede Person schicken, die diese braucht, auch dass ist ebenso einfach und genauso Wirkungvoll, wie jemanden direkt zu behandeln, denn Sie wissen ja bereits, dass Engel Grenzenlose Wesen ist und durch diese Tatsache ist es Ihnen selbstverständlich möglich Zeit und Raum problemlos zu überwinden und entsprechen bei Ihnen und der zu behandelnden Person gleichzeitig zu sein. Sie rufen einfach wie bei den anderen Behandlungsmethoden den jeweiligen Erzengel an und bitten ihn seine Energie durch Ihre Hände zu leiten, dann denken Sie einfach an die zu behandelnde Person. Am Anfang kann es hilfreich sein ein Foto der Person zu haben oder ein Blatt Papier mit dem Namen und dem Geburtsdatum. Dass hilft Ihnen sich auf die Person zu konzentrieren und die Engel dorthin zu senden, wo Sie gebraucht werden. Sie legen dann die Hände einfach auf das Blatt Papier oder das Foto und lassen die Energie so lange fließen, bis Sie das Gefühl haben, dass die Behandlung abgeschlossen ist.

Jetzt werden Sie sich vielleicht die Frage stellen, ob man auch Personen ohne Ihr Einverständnis Behandeln kann. Grundsätzlich muss ich hier sagen nein, denn wie Sie bereits gelernt haben, beachten die Engel stets unseren freien Willen und sie müssen um ihre Hilfe gebeten werden, wenn also eine Person Sie um eine Energieübertragung bittet, hat dieser Mensch dadurch seinen Willen bereits erklärt und die Engel dürfen helfen und eingreifen. Allerdings kann die Energie der Engel niemals und zu keiner Zeit schaden, da heißt wenn ein Mensch Sie nicht darum gebeten hat und Sie dennoch eine Energieübertragung durchführen, wird der Engel sicherlich nicht eingreifen und seine der Person die Energie zuführen, aber er ist anwesend bei der Person und alleine die Anwesenheit eines Engels ist immer schon ein wahnsinnig erhabenes Gefühl, welches bereits die Heilungsbereitschaft fördert, also haben Sie keine Angst, wenn Sie jemandem die Energie der Engel schicken wollen, dann tun Sie es einfach, schaden kann es zu keiner Zeit.

Selbstverständlich können Sie auch Ihren Lieben Haustieren heilende Energie übertragen und müssen hier natürlich nicht nach deren Einverständnis fragen, denn wie wir bereits gelernt haben ist der Mensch das einzige Wesen im Universum, welches über einen freien Willen verfügt und Ihr liebes Haustier wird die Energie der Engel immer dankbar annehmen. Sie rufen einfach den jeweiligen Erzengel an und bitten ihn seine Energie durch Ihre Hände zu leiten und dann brauchen Sie nichts weiter tun, als Ihr Haustier so lange zu streicheln, bis Sie das Gefühl haben die Energieübertragung ist abgeschlossen.

Wie häufig jemand eine Energieübertragung benötigt kann sehr individuell sein, in der Regel führt man diese ein bis zweimal in der Woche durch. Jeder Mensch braucht unterschiedlich lange und Sie sollten wenn etwas mal länger dauert niemals an Ihren Fähigkeiten als Heiler zweifeln, bleiben Sie einfach am Ball und arbeiten Sie so lange mit dem gleichen Erzengel weiter bis das gewünschte Ziel erreicht ist. In den meisten Fällen reicht eine Behandlung über vier Wochen je einmal pro Woche aus, um die Energie des Erzengels zu verankern, aber wie gesagt, es kann individuell auch mal längere Zeit in Anspruch nehmen und auch das ist in Ordnung.

Zu jeder Engelenergieübertragung gehört auch immer eine

Beratung dazu, denn der Engel, der mit Ihnen arbeitet wird Ihnen auch immer wichtige Botschaften für den Klienten mitteilen. Dies kann über plötzliche Gedanken sein, über ein Gefühl, über Bilder und Visionen und so weiter. Bewerten Sie nicht, sondern teilen Sie ihrem Klienten alles mit, was Sie während der Heilsession empfangen, denn dies wird für diesen Menschen immer von allergrößter Wichtigkeit sein. Bedenke Sie immer der Heiler heilt nicht, sondern er stellt sich als Kanal zwischen den Engeln und dem Klienten zur Verfügung und stellt somit lediglich die heilende Energie zur Verfügung, heilen muss jeder Mensch sich immer selbst und genau aus dem Grund, damit er dies tun kann geben Sie bitte unbedingt alle Botschaften, die Sie empfangen unfiltriert weiter, denn diese sind für den Heilungsprozess immer essentiell.

Danksagung

Ich bedanke mich von ganzem Herzen bei Gott und den Engeln, die mich zu diesem Buch inspiriert haben und mich tagtäglich in meinem Leben, meinem Alltag und meiner Arbeit begleiten und unterstützen.

Bei Frau Dr. Doreen Virtue, für Ihre wundervollen Ausbildungen, durch die ich Gott und den Engeln noch näher gekommen bin.

Bei allen lieben Menschen, die mich umgeben und tagtäglich unterstützen. Bei allen Menschen, die täglich meinen Rat suchen und die ich auf Ihrer Lebensreise schon über viele Jahre begleiten darf.

Bei all jenen, die dieses Buch in ihren Händen halten, dass Sie sich den Energien von unserem Schöpfer und den Engeln öffnen wollen.

Licht und Liebe

Udo Golfmann

Bisher von Udo Golfmann erschienen:

Heilung mit den Erzengeln
Herstellung und Verlag: BoD – Books on Demand, Norderstedt.
ISBN-13: 9783735723161

Lenormand mit den Erzengeln

Herstellung und Verlag: BoD – Books on Demand, Norderstedt.
ISBN-13: 9783848218707

Zur Wahren Liebe durch die Kraft der Engel
Herstellung und Verlag: BoD – Books on Demand, Norderstedt.

ISBN-13: 9783738600674

Rechtliche Hinweise

Aus rechtlichen Gründen ist immer zu beachten, dass Sie, wenn Sie nicht Arzt oder Heilpraktiker sind zu keiner Zeit Heilung von Krankheit versprechen dürfen, somit stellt selbstverständlich auch dieses Buch kein versprechen dar, dass Krankheiten geheilt werden. Ebenso ist es Ihnen als Heiler nicht erlaubt einem Menschen von Medikamenten abzuraten oder ihm Medikamente zu empfehlen, dazu zählen auch homöopathische Arzneimittel, Bachblüten und so weiter.